Dietrich zu Klampen Verlag
Angelika und Ralf Evers
Markgräfler Str. 4
6900 Heidelberg
0 62 21/3 26 71

Christoph Türcke, geb. 1948, ist Privatdozent für Philosophie an der Gesamthochschule Kassel.
Veröffentlichungen (u.a.): Zum ideologiekritischen Potential der Theologie. Konsequenzen einer materialistischen Paulus-Interpretation, Köln 1979; Heilige Hure Vernunft. Luthers nachhaltiger Zauber (gem. mit F.W. Pohl), Berlin 1983.
Die vorliegende Arbeit steht quer zur üblichen akademischen Fächeraufteilung. Sie beginnt mit schneidender Kritik an der Didaktik als dem spiritus rector des modernen Wissenschaftsbetriebs und entlarvt den didaktischen Vermittlungsbegriff als Verfallsform des metaphysischen, dem es ums rechte Verhältnis von Ideen und Sinnenwelt, Form und Stoff, Gott und Welt zu tun war.
An Platon, Aristoteles und der antiken Trinitätslehre wird gezeigt, wie auf dem Boden des Idealismus die Vermittlung unweigerlich selbst zum Absoluten wird und damit in Vermittlung von nichts mit nichts umschlägt.
Zwischen Augustin und Hegel liegt ein Abgrund — und doch nur ein winziger Schritt. Was jener unter Denkverbot stellen mußte, macht dieser zum philosophischen System: Gott als absolute Vermittlung. Das geschieht, als das Kapital zum gesellschaftlichen System wird: als reale, alldurchdringende Vermittlung, die an sich doch nichts ist.
Daß das Hegelsche System von der Wirklichkeit erst allmählich eingeholt wird, legt der letzte Teil der Arbeit am symbolischen Interaktionismus dar, dessen institutionalisierte Form die Didaktik lediglich ist. Die Vermittlung, die sie betreibt, dient weniger der Aufklärung der Menschen als der Subsumtion der Wissenschaft unter das Kapital.

> "Die polemische Verve dieser Arbeit, die auch literarisch
> ein hohes Vergnügen ist, gibt ihr in unserer akademischen
> Landschaft den Charakter einer unzweideutigen Seltenheit."
>
> (Ulrich Sonnemann)

Christoph Türcke

VERMITTLUNG ALS GOTT

Metaphysische Grillen
und theologische Mucken
didaktisierter Wissenschaft

Dietrich zu Klampen Verlag

Erste Auflage 1986
Dietrich zu Klampen Verlag GbR
© C. Türcke
Druck: Bonn-Grunwald, Lüneburg
Satz: Ebeling & Blumenbach, Lüneburg
Umschlag: C.-P. v. Mansberg

CIP-Kurztitelaufnahme der Deutschen Bibliothek
Türcke, Christoph:
Vermittlung als Gott: Metaphysische Grillen und theologische
Mucken didaktisierter Wissenschaft/Christoph Türcke. –
1. Aufl. – Lüneburg: zu Klampen, 1986.
ISBN 3-924245-05-3 (Pb)
3-924245-06-1 (Ln)

Inhaltsverzeichnis

1. Der metaphysische Gegenstand der modernen Didaktik	8
2. Der dritte Mensch	26
3. Der Mittler	48
4. Die absolute Vermittlung	98
5. Die Wiederkehr des dritten Menschen	114
Nachbemerkung	136
Literaturverzeichnis	137

In den metaphysischen Abgrund des modernen Wissenschaftsbetriebs führen viele Wege; nur einer kann jeweils beschritten werden. Der hier eingeschlagene Weg geht von der Didaktik aus, jener Wissenschaft vom rechten Lehren und Lernen, der in den 60er und 70er Jahren in diesem Land ein enormer Aufschwung beschieden war. Seither hat das öffentliche Interesse an didaktischen Publikationen, Kongressen und Ausstellungen zwar merklich nachgelassen; es ist aber auch nicht mehr nötig: Die Didaktik ist etabliert. Ihre spektakuläre Zeit ist vorbei; die Zeit ihres stillen, beharrlichen Wirkens hat begonnen. Als allgemeine Didaktik gehört sie zum Zentrum der Pädagogik, als Fachdidaktik hat sie in nahezu alle Wissenschaften Eingang gefunden. Wer Lehrer werden will, muß Didaktik studieren; wer nicht Lehrer werden will, bleibt von Didaktik nicht unberührt. Die gesamte Ausbildung an Schulen und Hochschulen ist unter didaktische Gesichtspunkte geraten. Wer an deren Entwicklung nicht aktiv beteiligt und nie persönlich durch die Passion von Schul- und Studienreformkommissionen gegangen ist, der ist zumindest das Objekt ihrer Resultate: ausgefeilter Lehrpläne oder Studiengänge, in deren Obhut sich der Gang vom Abc-Schützen bis zum Doktoranden vollziehen soll. Wer aber, aus dieser Obhut entlassen, ins freie Berufs- und Wirtschaftsleben tritt, dem drängen Markt und Konkurrenz ausgerechnet die Frage auf, die die Didaktik über jede Unterrichtsvorbereitung stellt: Wie kann ich das, was ich anzubieten habe, optimal veräußern?

In der hiesigen Gesellschaft ist der Didaktik offenbar kaum noch zu entrinnen. Längst ist sie mehr als ein wissenschaftliches Spezialgebiet. Kraft ihrer Fähigkeit, als allgemeine Didaktik alle möglichen philosophischen, psychologischen und soziologischen Erkenntnisse in sich aufzunehmen und als Fachdidaktik in alle erdenklichen Fachwissenschaften einzudringen, ist sie zu einer Art Wissenschaft der Wissenschaften geworden. Über allen Einzelwissenschaften stehend, sie durchdringend und zusammenfassend, nimmt sie in der Gegenwart einen ähnlichen Rang ein wie einst die Philosophie und im christlichen Mittelalter die Theologie. Tritt sie auch sachlich deren Erbe an? Die Frage ist zumindest nicht abwegig. Weder Gesellschaft noch Wissenschaftsbetrieb sind heute in ihrer Gesamtheit noch der theologischen Idee Gottes oder der philosophischen eines

Absoluten verpflichtet, an der sich alles Denken und Handeln zu orientieren hätte. Doch auch in einer sich säkularisiert und pluralistisch nennenden Gesellschaft muß man sich ständig orientieren und Wesentliches von Unwesentlichem, Wissenswertes von Belanglosem, Besseres von Schlechterem unterscheiden. Hier versucht die Didaktik ebenso pragmatisch wie wissenschaftlich Hilfestellung zu leisten, indem sie die verwirrende Fülle des vorhandenen Wissens, Könnens und Meinens, die sogenannten Bildungsinhalte, auf ihren Bildungsgehalt untersucht, d.h. darauf, was sich von ihnen zu wissen und anzuerkennen lohnt, getreu der Regel des Apostels Paulus: "Alles aber prüfet, das Gute behaltet!" (1Thess 5, 21) Damit nicht genug. Das für gut Befundene soll auch in bestmöglicher Weise behalten und weitergegeben werden, und die Didaktik ersinnt dafür die angemessenen Mittel. So ist sie gleichermaßen Lehre von den zu lehrenden Dingen wie von den Lehrmethoden. Diese Doppelgleisigkeit verschafft ihr eine Schlüsselstellung für die geistige Orientierung der Gegenwart — weit über die Schule hinaus. Immerhin hängt davon, ob in richtiger Weise das Richtige gelernt wird, das nicht mehr selbstverständliche Überleben der Menschheit ab.

1. Der metaphysische Gegenstand der modernen Didaktik

Ihre Hinwendung zum konkreten Lehr- und Lernprozeß versteht die moderne Didaktik ausdrücklich als Abkehr von der Metaphysik, von den Fragen nach dem innersten Wesen und letzten Zweck von Bildung, an denen die traditionelle Pädagogik sich zu lange schon theoretisch verausgabt habe, ohne praktisch voranzukommen. Wolfgang Klafki, mit dessen Name der westdeutsche Aufstieg der Didaktik aufs Innigste verbunden ist, überläßt daher jedem sein "letztlich metaphysisch oder weltanschaulich begründetes Bildungsideal"[1] und empfiehlt Einigung auf den kleinsten gemeinsamen Nenner: "Bildung ist der Zustand, in dem man Verantwortung übernehmen und zugleich dort, wo man sich nicht sachverständig weiß, Vertrauen schen-

---

[1] W. Klafki, Didaktische Analyse als Kern der Unterrichtsvorbereitung, in: Die deutsche Schule, Auswahl 1, 1964, S. 10

ken kann."² Oder: "Bildung ist im ursprünglichen Sinne die geistige Auseinandersetzung des Menschen mit der Welt, das wissentliche und willentliche Selbst- und Weltverhältnis des menschlichen Daseins."³ Das soll genügen. Wichtiger als eine perfekte wissenschaftliche Definition sei, daß Bildung in der Praxis weder einseitig material noch einseitig formal konzipiert werde.

Materiale Bildung findet nach Klafki dann statt, wenn die Unterrichtsinhalte identisch mit den objektiven Inhalten der Kultur sind, wenn sie "als Bildungsinhalte genau dasselbe" bleiben, "was sie als ethische, ästhetische, wissenschaftliche Kulturinhalte sind"⁴, und nicht in eine für Schüler faßliche Form übersetzt werden. Die Schule ist dann nur der Abklatsch des jeweiligen kulturellen und wissenschaftlichen Entwicklungsstandes — ohne angemessene Rücksicht auf die Lernenden. Ihnen widmet sich vorrangig das Konzept formaler Bildung, dem das Wesentliche nicht die Inhalte sind, sondern die "Gewinnung und Beherrschung der Denkweise, Gefühlskategorien, Wertmaßstäbe, kurz: der 'Methoden', mit Hilfe derer sich der junge Mensch die Fülle der Inhalte zu eigen machen kann"⁵. Hier schlägt das Pendel nach der andern Seite aus: "So wenig es ... geistige 'Kräfte' des Individuums ohne Inhalte gibt, ebensowenig gibt es Methoden ohne oder vor den Inhalten, deren Bewältigung sie dienen sollen."⁶ Klafki ist daher bemüht, die Einseitigkeit materialer und formaler Bildung aufzuheben. Was gelernt werden soll, läßt sich weder allein von den gegebenen Kulturinhalten, den Objekten, noch allein von den Lernenden, den Subjekten aus bestimmen. Der Unterricht ist vielmehr der Ort ihrer konkreten Begegnung, und auf die muß es der Didaktik ankommen; ihr spezifischer Gegenstand ist die *Vermittlung* von Subjekt und Objekt. In deren Dienst steht Klafkis "Didaktik des Exemplarischen, Typischen, Repräsentativen, Elemen-

---

2 E. Weniger, Die Eigenständigkeit der Erziehung in Theorie und Praxis, 1962, S. 138, zit. n. W. Klafki, Das Problem der Didaktik, in: ders., Studien zur Bildungstheorie und Didaktik, 1970, S. 93
3 E. Fink, Menschenbildung — Schulplanung, MUND Juni 1960, S. 14, zit. n. W. Klafki, Das Problem der Didaktik, a.a.O., S. 93 f.
4 W. Klafki, Kategoriale Bildung, in: ders., Studien zur Bildungstheorie und Didaktik, a.a.O., S. 26
5 W. Klafki, Kategoriale Bildung, a.a.O., S. 36
6 a.a.O., S. 35

taren"⁷, die den Schülern den Lernstoff weder als bloß zu benutzendes Mittel darbietet noch sie in seiner Fülle ersticken läßt, sondern sie mit einzelnen Sachverhalten so konfrontiert, daß ihnen daran etwas Grundsätzliches aufgeht. "Wofür soll das geplante Thema exemplarisch, repräsentativ, typisch sein? Der Automotor für Benzinmotore überhaupt, die Kirschblüte für das biologische Urphänomen 'Blüte', diese Geschichtserzählung aus der Besiedlung des deutschen Ostens für die Ostkolonisation überhaupt ..."⁸ Nur wenn im einzelnen Bildungsinhalt ein Bildungsgehalt, d.h. eine allgemeine Bedeutung steckt und entdeckt wird, findet tatsächlich geistige Durchdringung und Aneignung statt, treten Subjekt und Objekt in eine *"erlebte Einheit der Bildung"*⁹ : "Bildung ist Erschlossensein einer dinglichen und geistigen Wirklichkeit für einen Menschen — das ist der objektive oder materiale Aspekt; aber das heißt zugleich: Erschlossensein dieses Menschen für diese seine Wirklichkeit — das ist der subjektive oder formale Aspekt ..."¹⁰

Alles, was an diesem Gedankengang richtig ist, ist philosophisches Plagiat. Spätestens seit Platon besteht kein Zweifel mehr darüber, daß die Begriffe des menschlichen Verstandes von anderer Seinsart sind als die Gegebenheiten der Sinnenwelt. Diese sind empirische Einzeldinge, jene sind Allgemeinheiten, unter die Einzelnes subsumiert wird: alle Bäume unter den Begriff Baum, alle Häuser unter den Begriff Haus etc. Nur in Form solcher Subsumtion kann der Intellekt sich die Außenwelt aneignen, nicht durch Einverleibung der Einzeldinge selbst. Diese Einsicht ist keine didaktische Errungenschaft, sondern philosophische Selbstverständlichkeit. Interessant wird es erst bei der Frage, was die Begriffe für die Dingwelt sind: bloße Sammelordner, worin sie so übersichtlich wie möglich zurechtgelegt wird, oder geistiger Ausdruck einer ihr selbst innewohnenden objektiven Struktur?¹¹ Darauf gibt Klafki mit den Begriffen

---
7 a.a.O., S. 39
8 W. Klafki, Didaktische Analyse, a.a.O., S. 15
9 W. Klafki, Kategoriale Bildung, a.a.O., S. 43
10 ebd.
11 Diese Frage ist als Streitobjekt zwischen den Nominalisten, d.h. denjenigen, die die Allgemeinbegriffe (Universalien) für lediglich subjektiv festgesetzte Namen (nomina) ohne reale Entsprechung außerhalb des Intellekts hielten, und den Realisten, die die Begriffe für Abbilder real existierender Wesenheiten ansahen, in die Philosophiegeschichte eingegangen. Die Tatsache, daß der Universalienstreit im Mittelalter aufbrach, ist kein Grund, ihn zu den historischen Akten zu legen. Den Beweis seiner Unerledigtheit führt schlagend K.H. Haag, Kritik der neueren Ontologie, 1960.

des Elementaren, Fundamentalen und Exemplarischen indirekt eine Antwort: "Der Begriff des Fundamentalen meint die allgemeinsten Prinzipien, Kategorien, Grunderfahrungen, die einen geistigen Grundbereich bzw. ein Unterrichtsfach konstituieren: das 'Geschichtliche', das 'Politische', ... das 'Technische', das 'Poetische' ... Innerhalb jedes Grundbereichs ... gibt es nun eine ... Anzahl wesentlicher, zentraler, bedeutsamer Einsichten, Zusammenhänge, Verfahren. Auf sie zielt der Begriff des Elementaren. Die Elementaria eines Bereiches bauen sich ... als ein gegliedertes Gefüge auf ihrem jeweiligen Fundament, dem Fundamentalen, auf."[12]

Daran ist durchaus etwas Richtiges. Die Aufteilung in einzelne Fächer und Disziplinen hat — in der Wissenschaft wie in der Schule — nur dann Berechtigung, wenn sie auf Unterschieden in der Realität beruht. Ein arbeitsteiliger Wissenschaftsbetrieb wäre reines Zufallsspiel, wäre die Dingwelt, auf die er sich richtet, lediglich Brei und nicht selbst schon ein in sich gegliederter Zusammenhang. Nur weil die Natur den Unterschied von unbelebter und belebter Materie an sich hat und beide Bereiche sich noch einmal in verschiedene Gattungen und Arten differenzieren,[13] ist Naturwissenschaft möglich. Die Menschen haben eine Doppelstellung zu diesem Sachverhalt. Als Sinnenwesen gehören sie dem an sich strukturierten Naturzusammenhang an; als vernunftbegabte strukturieren sie ihrerseits die Natur: theoretisch, indem sie die Natur begrifflich erfassen, und praktisch, indem sie eigene, von der Natur nicht schon vorgegebene Zwecke setzen und durch materielle Tätigkeit verwirklichen. So produzieren sie ihre Lebensbedingungen selbst und machen ihre eigene Geschichte — die jedoch an den Naturprozeß gebunden bleibt, von dem sie sich unterscheidet. Wären die von Menschen erdachten Begriffe ohne jede Entsprechung in der Struktur der Naturdinge, so wäre materielle Produktion allenfalls ein vom Zufall bestimmtes Umhertaumeln, nie aber geregelter Prozeß. Ebensowenig bürgt schon die einzelne gegenständliche Tätigkeit für Regelmäßigkeit; dazu muß sie einem geordneten System der Herstellung und Verteilung der Lebensmittel angehören. Ohne materielle Produktion und wirt-

---

12 W. Klafki, Die didaktischen Prinzipien des Elementaren, Fundamentalen und Exemplarischen, in: Handbuch für Lehrer, Bd. II, 1961, S. 123

13 vgl. Porphyrius, Einleitung in die Kategorien, in: Aristoteles, Kategorien, Phil.Bibl.Meiner Bd. 8, 1974, S. 11 ff. Der Versuch, die Natur stattdessen nach Gesichtspunkten wie Farbe, Größe oder Härte zu klassifizieren, stieße ins Leere.

schaftliche Organisation hat keine Gesellschaft Bestand. Wirtschaft und Produktion verhalten sich wie Form und Stoff; in der Wirklichkeit kommen beide nur zusammengesetzt vor, aber keine läßt sich auf die andere reduzieren. Jede Wirtschaftsform bedarf wiederum rechtlicher Absicherung; doch weder ist die organisatorisch-technische Seite der Ökonomie in eine Sache des Rechts auflösbar noch das Recht in eine Sache der Wirtschaft: Es regelt ebenso wie die ökonomischen auch die psychischen Ansprüche der Individuen gegeneinander.[14] Ferner hebt sich in Gesellschaften, deren Produktion so weit entwickelt ist, daß für den gemeinsamen Lebensunterhalt nicht mehr alle mitschuften müssen, von Wirtschaft und Recht eine kulturelle Sphäre ab, in der in Gestalt von Kunst, Religion und schließlich Philosophie sich ein erstes Stück Freiheit des Menschengeistes vom unmittelbaren Lebenskampf manifestiert.[15] Schon diese grobe Differenzierung, die sich bereits auf frühen historischen Stufen findet, zeigt, daß der Gesellschaftsprozeß nichts anderes als *Synthesis* sein kann. Die aber ist nur möglich, wo es eine Mehrzahl klar voneinander unterschiedener Sphären gibt, die sich synthetisieren lassen. Dazu gehören Produktion, Wirtschaft, Recht und Kultur, die zwar nicht wie die organischen Gattungen und Arten von Natur aus unterschieden, sondern durch menschliche Tätigkeit gesetzt sind — und dennoch gesonderte Betrachtung verlangen, weil jede von ihnen sich nicht weiter reduzieren und nur in Abgrenzung gegen die andern bestimmen läßt.[16]

Es muß also in Natur wie Gesellschaft tatsächlich so etwas wie verschiedene Grundbereiche geben; andernfalls hätte die Mehrzahl von Wissenschaften und Schulfächern überhaupt kein Fundament in der Wirklichkeit. Soweit hat Klafki recht; nur ist die Sache verwickelter als er denkt. Die objektive Struktur der Natur liegt nicht einfach für jedermann offen zutage, sondern kann nur aus der Vielzahl einzelner Naturerscheinungen denkend erschlossen werden. Nicht Erfahrung bringt sie ans Licht,

---

14 vgl. S. Freud, Totem und Tabu, 1973, S. 26 ff.
15 vgl. Aristoteles, Metaphysik, I. Buch, 982 b
16 "Wenn man eine Erkenntnis als *Wissenschaft* darstellen will, so muß man zuvor das Unterscheidende, was sie mit keiner anderen gemein hat, und was ihr also *eigentümlich* ist, genau bestimmen können; widrigenfalls die Grenzen aller Wissenschaften in einander laufen, und keine derselben ... gründlich abgehandelt werden kann." (I. Kant, Prolegomena zu einer jeden künftigen Metaphysik, in: Kant, Werke, ed. Weischedel, Bd. V, 1958, S. 124)

sondern erst die Reflexion auf die Bedingungen, die Naturerfahrung, -beherrschung und -wissenschaft möglich machen. Entsprechendes gilt für die unterschiedenen Sphären, ohne die der Gesellschaftsprozeß nicht Synthesis wäre: Ihre objektive Struktur kommt einzig durch Denken zum Ausdruck und läßt sich weder sehen, hören noch anfassen. So ist sie für Klafki, der alles gern anschaulich hätte, auch kein Thema. Er baut sich aus Fundamentalem, Elementarem und Exemplarischem seine eigene Wirklichkeit zusammen. Zur Konstitution des Fundamentalen nimmt er allgemeinste "Prinzipien, Kategorien, Grunderfahrungen", als bedeuteten alle drei Begriffe so ungefähr dasselbe und bräuchten nur aufgezählt, nicht entfaltet zu werden. Nun haben im gedanklichen Zusammenhang der großen Philosophie Prinzip und Kategorien als Grund und Aussageweisen des Seienden ihren präzisen Sinn.[17] Grunderfahrungen hingegen kommen dort wohlweislich gar nicht vor; erfahren kann man nämlich nur empirische Dinge, nicht Gründe. Wieviel Grundsätzliches sich in Erfahrungen kristallisiert, ist nur durch Reflexion auf Erfahrung auszumachen. Erfahrung selbst jedoch bleibt stets ans Zufällig-Einzelne gebunden und ist unfähig, auch nur einen einzigen "geistigen Grundbereich" zu konstituieren. Klafkis Beispiele für Fundamentales sind denn auch alle schief. Das "Technische" und das "Poetische" lassen sich auf Allgemeineres zurückführen: Produktion und Kunst. Und das "Politische" und das "Geschichtliche" sind gerade *keine* eigenständigen Sphären der Gesellschaft, sondern nur allgemeine Hinsichten, unter denen man Sphären wie Wirtschaft, Recht, Kultur und ihre Derivate zu betrachten hat: Sie lassen sich nur als geschichtliche, einem politischen Zusammenhang angehörige Phänomene angemessen begreifen. *Das* Geschichtliche und *das* Politische an sich sind jedoch leere Abstraktionen.

Das Fundamentale erweist sich also als ein Art geistiger Mischsand, und die darauf errichteten Elementaria, nämlich eine "Anzahl wesentlicher, zentraler, bedeutsamer Einsichten, Zusammenhänge, Verfahren", die einfach nur kunterbunt addiert sind und ohne jeden objektiven Halt oder irgendeine eigene Kontur dastehen, werden gekrönt durch die "Grundformen" des Fundamentalen und Elementaren: "das *Exemplarische* im

[17] vgl. Aristoteles, Metaphysik, bes. 983 a ff., 1012 b ff., 1069 a ff.; ders. Kategorien, 1 b ff.

engeren Sinn, das *Typische*, die *variable Struktur*, das *Klassische*, das *Repräsentative*, das *Symbolische* ..."[18]. Gewöhnlich stehen Adjektive für die Eigenschaften von Dingen, Substantive für die Dinge selbst. Werden Adjektive zu Substantiven erhoben, so mögen sie gewichtiger klingen, gewinnen aber nicht die Kraft, eigenständige Dinge ins Leben zu rufen, schon gar nicht, wenn sie eine Relation ausdrücken: Typisch, repräsentativ, exemplarisch ist stets ein Einzelnes *für* ein von ihm unterschiedenes Allgemeines. Mit dem Begriff "typisch" wird eine Beziehung zwischen Einzelnem und Allgemeinem hergestellt, doch diese Beziehung selbst hat kein eigenes Sein neben den Seienden, die durch sie verbunden sind. Der real vorhandene Klafki ist für eine ebenso reale Sorte von Didaktik exemplarisch, aber nicht für *das* Exemplarische: Letzteres existiert nur als leere Abstraktion im Kopfe Klafkis und seiner Schüler und ist für gar nichts exemplarisch.[19]

Das aus Fundamentalem, Elementarem und Exemplarischem zusammengesetzte Konstrukt zehrt einerseits von der Einsicht, daß die Realität an sich etwas Gegliedertes sein muß, wenn die Gliederung in Wissenschaften und Schulfächer einen Sinn haben soll. Andrerseits blendet es diese Einsicht aus und macht die Realität zu einem Produkt der jeweiligen Sichtweise oder Fragestellung. "Die Fächer ... der Schule sind in keinem Falle verkleinerte Abbilder bestimmter Einzelwissenschaften", denn der "Fachwissenschaftler ist ... Spezialist, seine Ergebnisse sind nur ... gültig in Beziehung zu bestimmten Fragestellungen und Methoden", "geben aber nicht ... die 'einzig wahre' Auskunft über die vermeintlich 'einzig wahre Wirklichkeit'."[20] Schön wär's; dann wären nämlich alle, die sich nie mit Kernphysik befaßt haben, auch immun gegen Atombomben. Daß sich die Ergebnisse wissenschaftlicher Forschung, auch wenn sie all-

---

18 W. Klafki, Die didaktischen Prinzipien, a.a.O., S. 135
19 Wo das Typische, das Repräsentative, das Klassische für eigenständige Realität gelten, kann kein Argument mehr verhindern, daß auch das Aufbauende, das Zersetzende, das Minderwertige oder das Arische, die jahrelang ebenso wie das Klassische zu den "Grunderfahrungen" des gesunden Volksempfindens gehörten, in den Katalog substantivierter Adjektive gerät. Davor hütet sich Klafki zwar, läßt aber alle Schleusen für sie offen, denn es sind "Grunderfahrungen, die eine Dimension der geistigen Wirklichkeit als solche konstituieren" (W. Klafki, Das Problem der Didaktik, a.a.O., S. 123). Je nach den Zeitläuften gehört das eine Mal die jüdische Weltverschwörung, das andere Mal das demokratische Gespräch zu ihnen. Hinter der Begriffsschlamperei lauert die Barbarei.
20 W. Klafki, Die didaktischen Prinzipien, a.a.O., S. 129

gemeingültig sind, nicht unmittelbar in den Schulunterricht übertragen lassen, liegt freilich daran, daß den Schülern die geistigen Voraussetzungen dafür fehlen, nicht daran, daß Schule und Wissenschaft zwei verschiedene "Wirklichkeiten" zugrunde liegen.[21] Doch die Didaktik braucht den Plural der Wirklichkeiten, um sich eine von ihnen als eigenes Hoheitsgebiet zu reservieren. Die Begriffe des Fundamentalen, Elementaren und Exemplarischen sollen dies Gebiet umreißen und die Realität, die *an sich* für unbestimmbar erachtet wird, zu einer didaktischen Realität *für den Schüler* bestimmen, und zwar unter der Leitfrage: "Wie ... begegnet ... dem Jugendlichen auf den verschiedenen Bildungsstufen ... die Wirklichkeit ... ?"[22] Jedem anders, müßte die Antwort lauten; kein Lebenslauf ist gegen den andern austauschbar. Kriterium dafür, was als fundamental, elementar oder exemplarisch zu gelten hat, wäre demnach etwas rein zufälliges: die subjektive Erfahrung von Individuen. Statt nun diese Individuen samt ihren Erfahrungen in Ruhe zu lassen – schließlich müssen sie selbst am besten wissen, was ihre Wirklichkeit ist – wird ihnen jedoch vorgeschrieben, was sie für wirklich zu halten haben, denn die goldene Regel für den Lehrer lautet: "Zeige, daß und in welcher Weise die Wirklichkeit, die du aufschlüsselst, die Wirklichkeit des jungen Menschen in seiner Gegenwart und vermutlich in seiner Zukunft ist!"[23] Die subjektiven Erfahrungen der Jugendlichen begründen also die didaktischen Prinzipien, die wiederum die richtige Art und Weise begründen, in der man die Jugendlichen die Wirklichkeit erfahren läßt. Das Subjekt begründet "seine" Wirklichkeit und hat in ihr zugleich seinen Grund. Dieser Zirkel, worin stets das Begründete der Grund des Grundes ist, so daß man bis ins Unendliche fortschreiten kann, ohne jemals auf einen wirklichen Grund zu stoßen, ist Klafkis "doppelseitige Erschließung"[24], die Vermittlung von Subjekt und Objekt. Sie soll das Konkreteste am Lernprozeß sein und zerläuft zwischen den Fingern, wo versucht wird, sie als etwas Eigenständiges, Konsistentes

---

21 Gäbe es eine Mehrzahl von Wirklichkeiten, so hörte Schizophrenie auf, eine Krankheit zu sein; sie wäre das einzig angemessene Verhältnis zur Außenwelt. Selbstverständlich gibt es diese Mehrzahl nicht, denn was hätten die unterschiedlichen Wirklichkeiten gemeinsam? Daß sie wirklich existierten, also das, was sie voneinander unterscheiden soll.
22 W. Klafki, Die didaktischen Prinzipien, a.a.O., S. 129
23 W. Klafki, Das Problem der Didaktik, a.a.O., S. 114
24 W. Klafki, Kategoriale Bildung, a.a.O., S. 43

festzuhalten. Vermittlung gibt es nur als Relation zwischen vermittelten Dingen. Sie ist stets Vermittlung *von etwas* — für sich genommen ist sie *überhaupt nichts*. Dies Nichts hat die Didaktik zu ihrem spezifischen Thema erhoben und ist damit der Verwechslung zweier metaphysischer Begriffe erlegen: Relation und Substanz. Von Substanz will sie nichts wissen; daß die Dingwelt einen konsistenten, erkennbaren Zusammenhang nicht bilden könnte, ohne daß etwas in ihr subsistiert, ignoriert sie. Auch die objektiven Strukturen, die der menschliche Intellekt an sich haben muß, um die objektiven Strukturen der Dingwelt zum Ausdruck zu bringen, sind für sie kein Thema. Sie unterläßt die metaphysischen Fragen danach, was Subjekt und Objekt an sich seien, und bescheidet sich bei der Vermittlung beider — die es an sich nicht gibt. In der Meinung, alle Metaphysik aus ihrem Reich zu verbannen, gerät die Didaktik in den Bann einer metaphysischen Fiktion.

Diese Fiktion in der Wirklichkeit zu fassen zu bekommen, ist nun ihr ganzes Trachten. Die eine Möglichkeit ist, beim lernenden Subjekt anzusetzen und durch empirische Untersuchung des Lernvorgangs der hoch flüchtigen Vermittlung auf die Spur zu kommen. Dabei springt zunächst einmal eine Zusammenstellung aller äußeren und inneren Umstände heraus, die in bestimmten Altersstufen Lernen gewöhnlich erleichtern oder erschweren — was vielen Pädagogen eigene schmerzliche Erfahrungen ersparen kann. Doch die pädagogische Psychologie des Lernens, deren westdeutsche Version vornehmlich Heinrich Roth etabliert hat, will mehr leisten als solche Zubringerdienste. Sie will den Lernvorgang selbst erklären und damit das Geheimnis lüften, wie aus bei Geburt lebensuntüchtigen Geschöpfen eines Tages selbständig denkende und handelnde Menschen werden. Seine Verarbeitung der angelsächsischen Lernpsychologie sowie seine eigenen Untersuchungen haben Roth schließlich zur Unterscheidung folgender Lernarten geführt: "1. Lernen, bei dem das Können das Hauptziel ist, das Automatisieren von Fähigkeiten zu motorischen und geistigen Fertigkeiten. 2. Lernen, bei dem das Problemlösen (Denken, Verstehen, Einsicht) die Hauptsache ist. 3. Lernen, bei dem das Lernen der Verfahren von Wissen das Ziel ist (Lernen lernen, Arbeiten lernen, Forschen lernen, Nachschlagen lernen usw.) 5. Lernen, bei dem die Übertragung auf andere Gebiete die Hauptsache ist ... 6. Lernen, bei dem der Aufbau einer Gesinnung, Werthaltung, Einstellung das Hauptziel ist. 7. Lernen, bei dem das Gewinnen eines vertieften Interesses an einem Gegenstand das Hauptziel ist. ... 8. Lernen, bei dem ein verändertes Verhalten das Ziel ist."[25] Das Lernen wird aber nicht nur in acht verschiedene Arten, sondern auch in unterschiedliche Schritte eingeteilt. Die Stufe der Motivation ist der "1.Lernschritt ... I. Eine Handlung kommt zustande. II. Ein Lernwunsch erwacht. III. Ein Lernprozeß wird angestoßen. Eine Aufgabe wird gestellt. Ein Lernmotiv wird geweckt." Die Stufe der Schwierigkeiten ist der "2.Lernschritt ... I. Die Handlung gelingt nicht. Die zur Verfügung stehenden Verhaltens- und Leistungsformen reichen nicht aus ... ". Die Stufe der Lösung ist der "3. Lernschritt ... I. Ein neuer Lösungsweg zur Vollendung der Handlung oder zur Lösung der Aufgabe wird durch Anpassung, Probieren oder Einsicht entdeckt. II. Die Übernahme oder der Neuerwerb der gewünschten Leistungsform erscheint möglich und gelingt mehr und mehr." Der vierte Lernschritt ist die "Stufe des 'Tuns und Ausführens'", der fünfte die "Stufe des Behaltens und Einübens", der sechste schließlich die der "Interpretation des Gelernten"[26].

Mit dieser Aufzählung stößt die pädagogische Lernpsychologie an ihre Grenze; über die Aneinanderreihung wahrgenommener Phänomene kommt sie nicht hinaus. Welcher Lernvorgang auch analysiert wird – immer steht am Anfang Nichtwissen bzw. Nichtkönnen, es folgt eine in mehrere Schritte unterteilte Phase des Lernens und schließlich der Endzustand: Wissen oder Können. Doch wie kommt es, daß diese Schritte aufeinander folgen und sich zu einem Prozeß fügen? An der Sache, die gelernt werden soll, liegt es nicht. Mathematik oder Klavierspielen können nichts dafür, wie weit es einer in ihnen bringt. Aber auch die Darbietungsweise des Lernstoffs ist nicht der Grund. Gute Methoden können Lernprozesse beschleunigen, nicht aber produzieren; das müssen die Lernenden schon selbst tun. Der Grund kann also nur in ihnen liegen. Ist er in den einzelnen Lernschritten enthalten? Unmöglich; denn dann wäre der frü-

---

25 H. Roth, Pädagogische Psychologie des Lehrens und Lernens, 1957, S. 221
26 H. Roth, a.a.O., S. 245 ff.

here Schritt der Grund für den späteren, Nichtwissen für Wissen, Nichtkönnen für Können – das Nichtsein eines Zustandes wäre der Grund für sein Dasein. Zwischen den einzelnen Lernschritten kann also kein Kausalverhältnis, sondern nur ein Nacheinander bestehen, das die Lernpsychologie lediglich zu beschreiben, nicht zu erklären vermag. Die Phänomene, die sie zu Gesicht bekommt, sind allesamt bloß Wirkungen – eines geistigen Vermögens, an das keine Erfahrungswissenschaft heranreicht, weil es aller Erfahrung zugrundeliegt und sie überhaupt erst möglich macht. Hätte der menschliche Intellekt nicht eine spezifische Struktur an sich, die ihn befähigt, die Vielfalt von Sinneseindrücken unter Begriffe zu fassen und diese Begriffe zu Urteilen und Schlüssen zu verknüpfen, wäre er also nicht dies produktive Vermögen zur geistigen Synthesis, das Erfahrung erst ermöglicht[27] – kein Mensch könnte etwas lernen.

Die Lernpsychologie ignoriert dies Vermögen und beschränkt sich aufs Wahrnehmbare. Damit zerfällt ihr der Lernprozeß in eine Vielzahl einzelner Momente, deren Abgrenzung gegeneinander rein willkürlich ist. Eine eigenständige Stufe der Lösung, eine des Tuns und Ausführens, eine des Behaltens und Einübens und eine der Interpretation des Gelernten soll es geben? Als ob das Entdecken einer Lösung nicht produktiv, d.h. Tätigkeit sei, als ob diese Tätigkeit etwas anderes als Tun und Ausführen sei, als ob ferner Tun und Ausführen nicht Aneignung der Sache, d.h. selbst schon Behalten und Einüben sei, als ob schließlich Interpretation des Gelernten etwas anderes als Lernen und Aneignen sein könnte! Zwar kann jeder die Erfahrung machen, daß es lange dauert und viel Übung kostet, bis bestimmte Dinge gelernt sind, doch das Vermögen zur geistigen Synthesis, das dem gesamten Aneignungsprozeß zugrundeliegt, ist stets dasselbe. Es funktioniert nicht wie ein Automat, ist nur Bedingung der Möglichkeit von Erkenntnis, nicht Garant dafür, daß alle immer das Richtige erkennen. Zwischen dem Vermögen zur Synthesis und der konkreten Synthesis, die der Lernende dann faktisch vollzieht, besteht ein Kontingenzschritt.[28] Nur deshalb gibt es Lernprozesse. Sie sind der Weg vom Mangel an konkreter Syn-

---

27 vgl. I. Kant, Kritik der reinen Vernunft, Transzendentale Analytik, passim
28 Zur metaphysischen Tragweite dieses Kontingenzschrittes s.u. die Ausführungen über Augustin, Kap. 3

thesis bis zu seiner schließlichen Behebung. Die Lernpsychologie dreht nun den Spieß um und macht aus dem Mangel an Einheit eine Fülle von Verschiedenheit. Die Abwesenheit einer vollständigen Synthesis, die jeden unabgeschlossenen Lernprozeß kennzeichnet, wird in die Anwesenheit zahlreicher gegeneinander selbständiger Lernschritte verkehrt, die wie Bausteine aufeinander folgen sollen, aber ohne jedes Konstruktionsprinzip sind, das sie zusammenhalten könnte. Bewußtsein ist auf die bloße Anhäufung einzelner Lernleistungen verkürzt, die wer weiß welchem Vermögen entspringen, in nichts ihre Einheit haben und lediglich durch ihre zeitliche Abfolge verbunden sind.

Hat man sich aufs Katalogisieren von Lernschritten erst eingelassen, so gibt es kein Halten mehr. Nicht jedes Mißlingen und Verfehlen ist gleich weit vom Ziel entfernt, und zwischen erstem dunklen Ahnen und klarem Erkennen einer Lösung lassen sich ebenso zahllose Zwischenstufen einrichten wie zwischen ersten Erfolgserlebnissen und endgültigem Gelingen beim Behalten und Einüben. Entsprechendes gilt für die Lernarten. Zwar steht außer Frage, daß Körperbeherrschung eine andere Art des Lernens erfordert als das Begreifen abstrakter Zusammenhänge, weshalb Turnen und Mathematik tunlichst nicht in derselben Stunde zu unterrichten sind. Dennoch sind beide nicht schlechthin getrennt. Es ist ein und dasselbe Verstandesvermögen, das Körperbewegungen wie Zahlen unter Regeln bringt; keine menschliche Lernart, die der Einheit des Bewußtseins nicht unterstünde. Sie streichen heißt den Intellekt in lauter Einzelvermögen zerstückeln: in Entwicklung von Fertigkeiten, in Denken, Verstehen, Behalten, in Methodenlernen, in Verallgemeinern, in die Änderung von Einstellungen und Verhaltensweisen etc. Als ob auch nur *ein* Lernvorgang jenseits von Denken, Verstehen stattfände, als ob auch nur einer möglich wäre, ohne daß vielfältiges Einzelnes unter eine Regel, eine Vorstellung, einen Begriff gebracht wird, d.h. ohne daß Verallgemeinerung geschieht, als ob Lernen schließlich möglich wäre, ohne daß sich das Verhältnis zum Lernstoff in irgendeiner Weise ändert! Die Unterteilung der Lernarten und -schritte führt ins Bodenlose — nicht zur Vermittlung von Subjekt und Objekt.[29]

29 Der Mangel an Erklärungskraft in jeder empirischen Theorie des Lernens war Friedrich

Weil die pädagogische Lernpsychologie an den wahren Grund des Lernens nicht heranreicht, heftet sie sich ersatzweise an etwas, was wie ein Grund aussieht: die Lernbereitschaft. Je größer sie ist, desto größer der Lernerfolg. In dessen Dienst wird die Lernpsychologie zur Motivationsforschung. "Zunächst locken wir mit der Sache ... Wo sie allein nicht ausreicht", wird versucht, "die Sache so in den Horizont des Kindes zu bringen, daß es sie als *seine* Sache sieht."[30] Freilich — ein Unterricht, der am Schüler vorbeigeht, ist nichts wert. Doch wo Motivierung als eigenständige Methode angewendet wird, ist der Lernende bereits auf die an ihm wahrnehmbaren Lernarten und -schritte verkürzt: eine Ansammlung von Verhaltensweisen, die keiner geistigen Synthesis mehr untersteht. Es kommt nur noch darauf an, einzelne dieser Verhaltensweisen auf gewünschte Ziele zu lenken. Alle Mittel, die dazu taugen, sind willkommen — gleichgültig, wie gut oder fragwürdig jene Ziele sind. Was das heißt, spricht Robert F. Mager, einer der Erfolgreichsten in seinem Metier, offen aus: "Menschen beeinflussen Menschen. Lehrer und auch andere beeinflussen die Einstellung zu bestimmten Unterrichtsgegenständen — und auch zum Lernen selbst ... Wir wollen erreichen, daß der Schüler unsern Einflußbereich mit einer möglichst *positiven* Einstellung verläßt."[31] Je angenehmer die Assoziationen, die mit einem Lernstoff verknüpft werden, um so eher wird er gelernt.[32] Also muß man "Annäherungsreaktionen dem Gegenstand gegenüber verstärken oder belohnen", "überwiegend Erfolgserlebnisse ermöglichen",

Copei noch bewußt. Das Wesentliche im Lernprozeß bezeichnet er als fruchtbare Momente, "jene eigentümlichen Augenblicke, in denen blitzartig eine neue Erkenntnis in uns erwacht, ... uns plötzlich 'ein Licht aufgeht'."(Fr. Copei, Der fruchtbare Moment im Bildungsprozeß, 1955, S. 17) Daran ist richtig, daß ohne ein Moment unableitbarer "Erleuchtung" (s.u. zu Augustin, Kap. 3) niemand zur begrifflichen Synthesis gelangen kann. Copeis Versuch jedoch, den fruchtbaren Moment näher zu bestimmen, führt immer nur zur Beschreibung von Situationen seines Eintretens, zu seiner metaphorischen Umschreibung (Aufblitzen, Aufleuchten, Ergriffenwerden) und zur Schilderung der ihn begleitenden Gefühle und Vorstellungen. Daraus folgt einerseits pädagogische Selbstbeschränkung: "*Lehren* heißt nicht übermitteln, es heißt den 'fruchtbaren Moment' vorbereiten, heißt, eine *lebendige Bereitschaft wecken*, welche ... den Sinngehalt in sich aufzunehmen strebt." (Copei, S. 101) Andrerseits gewährleistet keine noch so sorgfältige Vorbereitung das Eintreten des fruchtbaren Moments. Niemand kann genau sagen, wann er kommt und wie er ist. Immerhin vertuscht Copei die Zufälligkeit nicht, die aller pädagogischen Bemühung anhaftet, und gesteht ein, daß der fruchtbare Moment, auf den sich die moderne Didaktik richtet, zugleich ihr blinder Fleck ist.
30 H. Roth, a.a.O., S. 258
31 R.F. Mager, Motivation und Lernerfolg, 1970, S. 24
32 R.F. Mager, a.a.O., S. 58

"beim Anblick des Schülers Freude zeigen ('Schön, dich wiederzusehen!')"[33] und seine Einstellung zum Unterrichtsfach mit Fragebögen ermitteln, auf denen er die Gefühle, die er mit dem Lernstoff verbindet, oder den Grad seines Interesses für bestimmte Sachen ankreuzen kann.[34]

Mit der Vermittlung von Subjekt und Objekt haben solche Methoden nichts zu tun. Gegen das Objekt, den konkreten Lernstoff, sind sie ohnehin gleichgültig, da auf jeden beliebigen Inhalt anwendbar; den wirklichen Menschen aber haben sie nur so weit zum Gegenstand, wie er *nicht* Subjekt ist, sondern das Zusammengelaufensein von Einflüssen. Dem Gegenstand der Didaktik kommt die Motivationsforschung daher keinen Schritt näher. Ihre Leistung besteht lediglich darin, auf das Gebiet des Unterrichtens die bewährten Methoden der Reklame zu übertragen, die nichts anderes als die Beeinflussung des möglichen Käufers betreiben, ihm so angenehme Assoziationen zu einer Ware zu verschaffen suchen, daß er sie kauft, und zu diesem Zweck auch mit Fragebögen arbeiten. In der Werbung tritt offen zutage, was die Motivationspsychologie bisweilen noch mit Menschlichkeitsphrasen[35] und einem wissenschaftlich klingendem Vokabular verbrämt: Motivieren heißt im Klartext Reklame machen, und die Wahrheit des Lernerfolgs ist der Verkaufserfolg.

Der lernende Mensch ist der eine Punkt, von dem aus die Didaktik zu ihrem Gegenstand, der Vermittlung von Subjekt und Objekt, vorzustoßen hofft; der andere ist der Lernstoff. Fundamental, elementar und exemplarisch soll er sein; doch das heißt nichts, solange man nicht genau weiß, welchen Inhalten diese Eigenschaften wirklich zukommen. Eine systematische Überprüfung und Revision sämtlicher vorhandener Lehrpläne in Hinblick auf ihre didaktische Rechtmäßigkeit steht also an. Sie ist Programm der Curriculumforschung, dessen Durchführung die Zusammenarbeit von Fachwissenschaftlern und Didaktikern verlangt und allgemeine Didaktik mit Fachdidaktik verschmelzen läßt. "Wir gehen also von den Annahmen aus,

---
33 a.a.O., S. 75 f.
34 a.a.O., S. 92
35 "den Schüler wie einen Menschen, nicht wie eine Nummer ... behandeln ..." (R.F. Mager, a.a.O., S. 76)

daß in der Erziehung Ausstattung zur Bewältigung von Lebenssituationen geleistet wird", "indem gewisse Qualifikationen ... durch die Aneignung von Kenntnissen, Einsichten, Haltungen und Fertigkeiten erworben werden; und daß eben die Curricula ... zur Vermittlung derartiger Qualifikationen bestimmt sind."[36] Damit sie ihren Zweck optimal erfüllen, erfolgt eine "Aufnahme *verhaltenswissenschaftlicher Begriffe und Einsichten* in den Bildungskanon"[37]. Auch die Curriculumforschung setzt voraus, daß das einzig Konkrete, Überprüfbare und Formbare am Menschen das wahrnehmbare Verhalten sei. So erweist sie sich als ideale Ergänzung der Lernpsychologie: Die eine katalogisiert die verschiedenen Lernschritte und -arten, die andere die dazugehörigen Inhalte. Erst die gelungene Vermittlung beider ist die "beabsichtigte Verhaltensänderung"[38], die der Unterricht bewirken soll. Die Curriculumforschung nennt sie Lernziel oder Qualifikation. Ein neuer Name nur für eine alte Sache. Der Versuch, Qualifikationen und ihnen entsprechende Bildungsinhalte festzulegen, ist nichts anderes als die Bemühung, die Vermittlung von Subjekt und Objekt von der Seite des Objekts her in den Griff zu bekommen. Das dabei angewendete Verfahren heißt Operationalisierung. "Es kann damit gemeint sein eine sprachlich eindeutige Formulierung von beobachtbaren Verhaltensweisen oder ihrer Elemente, die als Ergebnis des Lernprozesses kontrollierbar sein sollen; es kann aber auch in einem sehr viel engeren Sinne die Angabe der Operationen, mit denen das als Ziel geforderte Verhalten meßbar ist, gemeint sein, ebenso wie eine unscharfe Vermengung beider Bedeutungen."[39] Was alles keinen großen Unterschied macht, denn nur ein eindeutig definiertes und wahrnehmbares Verhalten ist auch überprüfbar oder gar meßbar; und da fangen die Schwierigkeiten schon an. Was nämlich eine Qualifikation ausmacht, läßt sich nur durch die Inhalte ausdrücken, die in ihr versammelt sind. Davon abgelöst ist Qualifikation *überhaupt nichts*. Kennen, Können, Fähigkeit zum Verständnis, zur Übertragung, Interpretation, Extrapolation, Anwendung, Analyse, Synthese[40] —

---

36 S.B. Robinsohn, Bildungsreform als Revision des Curriculum, 1975, S. 45
37 S.B. Robinsohn, a.a.O., S. 18
38 H. Blankertz, Theorien und Modelle der Didaktik, 1975, S. 152
39 H. Blankertz, a.a.O., S. 154
40 vgl. D.R. Krathwohl, Der Gebrauch der Taxonomie von Lernzielen, in: Achtenhagen/ Meyer (Hg.), Curriculumrevision, 1971, S. 79 ff.

alles leere Worte ohne die konkreten Gegenstände, auf die sie sich beziehen. Sie werden keinen Deut gehaltvoller durch Verbindung mit andern Abstrakta wie Kenntnis von Einzelheiten, von Kriterien, von Theorien und Strukturen.[41] Und was ist mit dem Erinnern der Hauptfakten einzelner Kulturen, dem Minimalwissen über Organismen, dem Vertrautwerden mit einer Reihe von Literaturgattungen und all den zahllosen andern Qualifikationen[42] genau gemeint? Was gehört dazu und was nicht? Hier hilft nur der Sprung aus dem Karussell fortwährender Abstraktionen in die Wirklichkeit — zu den Inhalten selbst. Es gibt nur eine Möglichkeit, eine Qualifikation exakt und eindeutig zu definieren: durch die sachlich vollständige Entfaltung des Gegenstands, der sie zu einer Qualifikation macht. Qualifikationen sind nichts an sich Seiendes, sondern seiend nur *durch anderes*: die in ihnen vereinigten Inhalte. Das Ziel der Curriculumforschung, ein System von Qualifikationen zu ermitteln, das zur Bewältigung der gesamtgesellschaftlichen Anforderungen befähigt, wäre nur erreichbar durch eine inhaltlich vollständig ausgeführte, zusammenhängende und widerspruchsfreie Enzyklopädie aller Wissenschaften. Deren Unmöglichkeit aber ist gerade eines der entscheidenden Motive für die Curriculumforschung, die der erdrückenden und unübersichtlichen Fülle des gesellschaftlichen Wissens zu entrinnen hofft, indem sie es in klar umrissenen, zur Lebensbewältigung nützlichen Qualifikationen zu strukturieren versucht. Dieser Versuch ist Sisyphusarbeit. Er nimmt die Qualifikation, die nur als Beziehung auf anderes Realität hat, für einen an sich realen, konsistenten Gegenstand.

Die Verwechslung der metaphysischen Begriffe Substanz und Relation ist der gemeinsame Boden, auf dem die Curriculumforscher nun ihre unzähligen, ermüdenden und ergebnislosen Dispute um die richtige "Operationalisierung, Dimensionierung und Hierarchisierung von Lernzielen"[43] ausfechten, um schließlich vor dem Befund zu stehen: "Eine Technik des Operationalisierens, die selbst kontrollierbar gehalten ist, gibt es also noch nicht ...; kurz: *das Operationalisieren ist noch nicht operatio-*

---

41 vgl. D.R. Krathwohl, a.a.O., S. 79 ff.
42 ebd. passim
43 H. Blankertz, a.a.O., S. 152

nabel gemacht worden."[44] Statt einzusehen, daß das ebensowenig gelingen wird wie die Quadratur des Kreises, wird es weiterhin angestrengt versucht, und das Ausbleiben jedes durchschlagenden Fortschritts nährt die Überzeugung, daß man noch ganz in den Anfängen eines hoffnungsvollen Forschungsprojekts stecke.

Hat schon die Operationalisierung von Lernzielen nichts als einen Katalog von Abstraktionen zum Resultat, so können die Verfahren zur Überprüfung erreichter Qualifikationen und zur Evaluation der Überprüfung[45] erst recht nichts Konkretes erbringen. Es empfiehlt sich daher, die Curriculumforschung zu einem unabschließbaren Prozeß ständiger Überprüfung und Revision zu erklären und aus der Not der Ergebnislosigkeit die Tugend der Offenheit und unendlichen Lernbereitschaft zu machen. Ein solches Unternehmen ist die "Handlungsforschung im Schulfeld"[46]: Sie verzichtet ausdrücklich auf den herkömmlichen Grundsatz, "'Forschungsobjekte' während des Forschungsprozesses nicht (zu) verändern"[47], um sie unter konstanten Bedingungen beobachten zu können. Vielmehr greift sie "*als* Forschung unmittelbar ... in die Praxis mit ein", "hebt ... die Scheidung zwischen Forschern ... und Praktikern"[48] sowie "die starre Rollentrennung von Forschenden und Forschungsobjekten auf zugunsten eines Kommunikationsverhältnisses prinzipiell gleichberechtigt kooperierende Partner"[49]. Es geht also nicht nur um die Lernprozesse der Schüler, sondern um "komplexe, offene und reflektierte Lernprozesse aller Beteiligten"[50] mit dem Ziel, "*offene* und *variable* Curricula oder Curriculumteile"[51] herzustellen. Alle sind dabei ebenso Forschungsgegenstand, wie sie den Forschungsprozeß vorantreiben. Die Forscher erforschen ihre sich ständig verändernde Forschungstätigkeit und die ständigen Veränderungen, die sie dabei bei den andern und sich selbst auslösen. Die Praktiker sind natürlich auch Forscher und erforschen unentwegt die Wirkun-

---

44 H.L. Meyer, Einführung in die Curriculum-Methodologie, 1972, S. 85
45 vgl. Blankertz, S. 178 ff.
46 W. Klafki, Aspekte kritisch-konstruktiver Erziehungswissenschaft, 1976, S. 59 ff.
47 W. Klafki, a.a.O., S. 61
48 a.a.O., S. 60
49 a.a.O., S. 83
50 a.a.O., S. 75
51 a.a.O., S. 124

gen ihrer praktischen Tätigkeit auf sich und die andern, und eigentlich müßten sogar die Schüler irgendwie an der Forschung teilhaben. Der Forschungsprozeß ist ohne fixierbaren Gegenstand und ohne bestimmbares Subjekt: der ziellose Wandel seiner selbst, bei dem alle unablässig sich wechselseitig erforschen, aufklären und voneinander lernen, ohne je zu einem allgemein verbindlichen Resultat zu gelangen.

Das offene, sich permanent verändernde Curriculum ist nur die Konsequenz aus dem Versuch, das Elementare, Fundamentale und Exemplarische exakt zu bestimmen. Der Fortschritt der modernen Didaktik erweist sich als fortschreitende Ergebnislosigkeit. Wie sie es auch anstellt: Die Vermittlung von Subjekt und Objekt läßt sich nicht fassen, weil es sie an sich, als ein eigenes Sein neben den durch sie verbundenen Seienden, nicht gibt. Der didaktische Gegenstand, das scheinbar Konkreteste am Lernprozeß, ist an sich Nichts — eine metaphysische Fiktion, die aus der Verwechslung der Begriffe Substanz und Relation entspringt.

So klar dies Resultat, so groß ist das Rätsel, das es aufgibt. Daß eine Wissenschaft, die ohne fixierbaren Gegenstand ist, die Hochschulreform überstehen konnte, ist schon erstaunlich genug, denn deren erklärtes Ziel war es ja, Forschung, Lehre und Studium besser zu koordinieren und vor allem "ein Angebot von inhaltlich und zeitlich gestuften und aufeinander bezogenen Studiengängen mit entsprechenden Abschlüssen in dafür geeigneten Bereichen" sowie "eine dem jeweiligen Studiengang entsprechende Verbindung von Wissenschaft und Praxis"[52] zu schaffen. Der Wissenschaftsbetrieb sollte besser auf die Anforderungen des Arbeitsprozesses abgestimmt werden. Die Hochschulreform hat nun aber die Didaktik weder abgeschafft noch in eine akademische Seitennische gedrückt, sondern in den Rang einer Wissenschaft der Wissenschaften erhoben, der es obliegt, das, was sich zu lernen lohnt, auszuwählen und so zuzurichten, daß es sich möglichst leicht aneignen und möglichst gut im Arbeitsleben anwenden läßt. Diese Maßnahme gründet sich auf den Glauben, die Didaktik sei tatsächlich in der Lage, den Vorgang des Lehrens und Lernens wissenschaftlich zu fassen und zu steuern, und sei so der berufene Mittler zwischen Subjekt

---

52 Hochschulrahmengesetz vom 26.1.1976, § 4 Abs. 3, in: Bundesgesetzblatt 1976/10

und Objekt, Theorie und Praxis, Wissenschaft und Gesellschaft. Daß dieser Glaube eine metaphysische Fiktion ist, wurde gezeigt. Warum er nicht nur Didaktiker und Bildungsplaner, sondern mit dem Schein von Plausibilität eine ganze Gesellschaft erfaßt hat und an deren ökonomischen Gesetzen bis heute nicht zerbrochen ist — das ist die Frage, die nun der Beantwortung bedarf und dazu nötigt, die metaphysische Tragweite des Vermittlungsproblems zu verdeutlichen.

2. Der dritte Mensch

Zu einem eigenständigen Thema wird die Vermittlung bereits in der Antike, und zwar zu der Zeit, als das menschliche Bewußtsein sich von der Bilderfülle der Mythologie zu lösen beginnt und zum reinen begrifflichen Denken vorstößt. Diesen Übergang vollzieht die griechische Philosophie. An ihrem Anfang steht die Einsicht, daß der Reichtum des mythischen Erzählguts nicht die wahre Welterklärung sein kann. Er zeugt von der produktiven Kraft der Phantasie, führt aber nicht zum wirklichen Ursprung der Dinge. Zu widersprüchlich und wirr ist, was über die Götter berichtet wird, die für Raum und Zeit, Himmel und Erde, Blitz und Donner, Weisheit, Schönheit, Liebe und noch vieles mehr verantwortlich sein sollen, zu unberechenbar und niederträchtig ist das Eigenleben, das sie angeblich auf dem Olymp und anderswo führen. Bei solch zwielichtigen, selbst in zahllose Zwänge und Intrigen verstrickten Gesellen läßt sich vernünftigerweise nicht einmal ein Eid schwören, geschweige denn eine gesetzmäßige Ordnung der Natur finden. Das philosophische Denken will heraus aus dieser Unsicherheit, es will nicht länger einer universalen, schicksalhaft-undurchschaubaren Unbeständigkeit ausgeliefert sein, in deren Bann selbst die Götter stehen, statt die Menschen davon zu erlösen. So kommt es zur Suche nach dem wahren Sein, das allen Dingen zugrundeliegt und die wirkliche Welt zusammenhält. Zunächst meint man es in natürlichen Elementen zu finden. Doch Wasser, Feuer, Luft und Erde[1] geben nicht her, was sie

---

1 Für Thales war das Wasser der Ursprung, für Anaximenes die Luft, für Heraklit das Feuer, für Empedokles das Zusammenwirken dieser drei Elemente mit der Erde als viertem; vgl. W. Capelle, Die Vorsokratiker, 1968, S. 67 ff., 88 ff., 126 ff., 181 ff.

sollen. Sie sind lediglich begrenzte und veränderliche Teile der Natur, nicht ihr Grund; das aller Natur Zugrundeliegende kann aber nicht selbst ein Naturstoff sein. Und so dämmert der Gedanke, daß in der Sinnenwelt, wo man es stets mit unbeständigen Einzeldingen zu tun hat, das wahre Sein gar nicht anzutreffen sei. Seine vornehmsten Kennzeichen, die erstmals Parmenides aufzählt, sind denn auch rein begriffliche Bestimmungen, die allen sinnlichen Gehalt von sich ausschließen: Ungeworden und unvergänglich ist es, ganz und einheitlich, unerschütterlich und vollkommen[2], mit sich identisch in sich selbst verharrend[3]. Weder Anfang noch Ende, weder Entstehen noch Vergehen, weder Bewegung noch Ungleichmäßigkeit darf ihm anhaften. Das Sein in diesem strengen Sinn ist das absolut Unverträgliche; alles, was von ihm abweicht, ist nicht Sein, also Nichtsein. Nun ist die gesamte Sinnenwelt aber mit Entstehen und Vergehen, Vielfalt und Vermischung der Dinge geschlagen[4]. Folglich gehört sie auf die Seite des Nichtseins. Dieser Gewaltstreich bringt das wahre Sein um alle Konkretion. Wird die materielle Welt – der anzugehören auch der Philosoph nicht umhin kann – vom Sein strikt ausgeschlossen und damit zur Scheinwelt erklärt, so ist umgekehrt auch das Sein von dieser Welt ausgeschlossen. Unterschieds- und beziehungslos in sich ruhend, ist es das Unwirkliche schlechthin. Einzig in einem Bewußtsein, das von der gesamten Erfahrungswelt absieht, kann es sein Dasein fristen – als leerer Gedanke. Protagoras' berühmter Ausspruch "Der Mensch ist das Maß aller Dinge"[5] zieht denn auch nur die Konsequenz, zu der die parmenideische Lehre nötigt. Ist das wahre Sein nur das leere Jenseits der Wirklichkeit, in der die Menschen sich stets schon vorfinden, so hat diese Wirklichkeit keine Wahrheit in sich. Ist aber nichts in ihr wahr, so ist zugleich alles in ihr wahr. Jeder Mensch ist sich selbst der Maßstab; wie er die Dinge sieht, so sind sie. Die faktische Welt löst sich in die Summe ihrer Sichtweisen auf. Eine eigene Wirklichkeit kommt ihr nicht zu, weil alles wirklich ist, was über sie ausgesagt wird. Das ist die unvermeidliche Folge, wenn das wahre Sein der materiellen Welt strikt entgegengesetzt wird. Fallen Wahrheit und

---

2 Parmenides, Vom Wesen des Seienden, hg. v. U. Hölscher, 1969, Fragm. 8,3 f., S. 19
3 Parmenides, Fragm. 8,29; a.a.O., S. 23
4 Fragm. 12,4; a.a.O., S. 35
5 W. Capelle, Die Vorsokratiker, a.a.O., S. 327

Wirklichkeit derart unvermittelt auseinander, so ist es um beide geschehen; sie verdunsten in Bestimmungslosigkeit. Soll Wahrheit aber kein leerer Gedanke sein, so muß er ein Fundament in der Wirklichkeit haben. Ihr selbst muß etwas innewohnen, was von der Unbeständigkeit der Sinnendinge ausgenommen und fähig ist, die Welt zu einem in sich beständigen Kosmos zu gliedern, etwas, was der Wahrnehmung entzogen ist und, wie Parmenides richtig erkannte, nur begrifflich erfaßt werden kann: intelligibles, ideelles Sein. Jedoch erst das Ineinandergreifen von ideellem Sein und sinnlichem Material macht die wirkliche Welt aus. Nur sofern beide *vermittelt* sind, ist sie ein konkreter, an sich strukturierter Zusammenhang, der dem menschlichen Bewußtsein objektiven Halt zu geben vermag und wahre Erkenntnis ermöglicht. Mit dem Vermittlungsproblem steht also Erhebliches auf dem Spiel: Nur wenn die Realität etwas in sich Vermitteltes ist, ist sie erkennbar, und nur wenn sie erkennbar ist, kann es Wahrheit geben. Nur wenn Wahrheit möglich ist, haben auch Lehren und Lernen einen Sinn. Das Thema der Didaktik verlangt also von sich aus, daß zunächst auf die Naturbasis von Erkenntnis reflektiert wird, ehe es um den Erkenntnisgewinn, das Lernen selbst und seinen einzig vernünftigen Zweck geht: Wahrheit, die Übereinstimmung des menschlichen Bewußtseins mit seinen objektiven Bedingungen und sich selbst. Entsprechend verläuft die Entwicklung des philosophischen Gedankens: Er beginnt beim vornehmsten Objekt des Denkens, dem wahren Sein, wendet sich dann erst aufs Denken zurück und rückt mit dieser Bewegung das Vermittlungsproblem in das von der modernen Didaktik gescheute metaphysische Licht, worin es einer vernünftigen Betrachtung erst zugänglich wird.

In dieses Licht gerät es bei Platon. Er teilt die Auffassung, daß das wahre Sein nichts Stoffliches sei. Ebensowenig aber kann es unterschiedslose, leere Einheit sein, wenn es mit der Vielfalt der Erfahrungswelt vermittelt sein soll. So faßt er es als eine in sich bereits differenzierte Welt von *Ideen*, die den empirischen Dingen Bestand geben und von ihrer Unbeständigkeit unberührt sein sollen. Die einzelnen Menschen etwa entstehen und vergehen, während die Idee des Menschen unwandelbar diesem Wandel zugrundeliegt und den Individuen ihr empirisches Dasein ermöglicht. Doch gilt dies Verhältnis für die gesamte Sinnenwelt? Gibt es für all und jedes, was in ihr vorkommt und sich begrifflich bezeichnen läßt, auch eine entsprechende Idee? Dann wären die Ideen eine Art himmlischer Verdopplung der Sinnenwelt, eine höhere zweite Wirklichkeit statt Fundament und Zusammenhalt der einen. Dieser Mangel haftet der Ideenlehre zunächst an, und ihre Grundzüge sind noch nicht lange formuliert, als Platon ihn bereits selbstkritisch aufdeckt[6]: "Wie sehr, o Sokrates, verdienst du gerühmt zu werden wegen deines Eifers für die Forschungen. Und sprich, teilst du selbst so, wie du sagst, die Ideen selbst besonders und das, was sie annimmt, wieder besonders? Und dünkt dich etwas die Ähnlichkeit selbst zu sein, getrennt von jener Ähnlichkeit, die wir an uns haben ...? — Mich dünkt es, habe Sokrates gesagt. — Auch etwa dergleichen, eine Idee des Gerechten für sich und des Schönen und Guten, und von allem, was wiederum dieser Art ist? — Ja, habe er gesagt. — Und wie, auch eine Idee der Menschen, getrennt von uns und allen, welche ebenso sind wie wir, eine Idee selbst des Menschen oder des Feuers oder des Wassers? — Hierüber, habe er gesagt, bin ich oftmals in Zweifel gewesen, o Parmenides, ob man auch hiervon eben das behaupten soll, wie von jenem, oder etwas anderes. — Etwa auch über solche Dinge, o Sokrates, welche gar lächerlich herauskämen, wie Haare, Kot, Schmutz und was sonst noch recht geringfügig und verächtlich ist, bist du im Zweifel, ob man behaupten solle, daß es auch von jedem unter diesen eine Idee besonders gebe ...? — Keineswegs, habe Sokrates gesagt, sondern daß diese eben das sind, was wir sehen, und daß zu glauben, es gebe noch eine Idee von ihnen, doch gar zu wunderlich sein möchte."[7] Wunderlich schon, aber konsequent — wenn *allem* Empirischen eine entsprechende Idee zugeordnet wird. Das freilich muß mit der Bestimmung der Ideen kollidieren. Als das wahre Sein, worin weder Vergehen noch Wankelmut, weder Streit noch Verwirrung vorkommt, müssen sie auch das Gerechte, Erhabene, Schöne schlechthin sein; nicht von ungefähr hat Platon an anderer Stelle

---

[6] Der 'Parmenides', in dem das geschieht, ist vermutlich kein sonderlich später platonischer Dialog. Zwar setzt er Phaidon, Symposion, Kratylos, Politeia und Phaidros als bekannt voraus, wird aber selbst in Theaitet und Sophistes zitiert; vgl. H.G. Zekl, Einleitung zum 'Parmenides', Phil.Bibl.Meiner 279, S. XIV f.
[7] Platon, Parmenides, 130 b ff., zit. n. Platon, Sämtliche Werke Bd. 4, Rowohlt, 1958, S. 67, allerdings mit einer Abweichung: 'eidos' = 'Idee', nicht 'Begriff'.

die Ideensphäre unter dem Begriff des Guten als oberster Idee zusammengefaßt.[8] Das Schlechte, Schändliche hat in dieser Sphäre keinen Platz; in der irdischen Welt kann es nur vorkommen, sofern es die Ideen *nicht* in sich aufgenommen hat.[9]

Unmöglich also können sie eine Verdopplung der Sinnenwelt sein; wohl aber müssen sie deutlich von ihr geschieden werden. Diese Scheidung ist freilich Sache des Denkens; sie hat nicht automatisch zur Folge, daß auch in der Wirklichkeit die Ideen geschieden vom Sinnlichen existieren. Doch Platon zieht diesen Schluß und hält trotz aller selbst formulierten Bedenken an einer separaten, allem Empirischen entrückten Ideenwelt fest, worin aller Realitätsgehalt versammelt sein soll, während er den irdischen Dingen Bestand und Wirklichkeit nur zuerkennt, sofern sie an den Ideen *teilhaben*.[10] Und wie ist eine solche Teilhabe zu denken? So wie das Bild an der abgebildeten Sache, das Abbild am Urbild teilhat, lautet die Antwort[11], die den Sachverhalt nicht begrifflich erfaßt, sondern metaphorisch umschreibt — zudem auf problematische Weise: Urbild und Abbild sind passiv und gleichgültig gegeneinander und durch keine innere Beziehung verbunden. Sie bedürfen eines vermittelnden Dritten: des Künstlers, der mit dem Abbild auch die Beziehung zwischen beiden äußerlich herstellt. So verhält es sich bei Artefakten; wie aber steht es bei der Natur, um deren Konstitution es der Ideenlehre ja primär geht? "Wenn nun ... etwas der Idee ist nachgebildet worden, ist es möglich, daß die Idee dem Nachgebildeten nicht ähnlich sei, insofern dieses ihr ähnlich gemacht worden ist? ... Und ist es nicht sehr notwendig, daß das Ähnliche mit dem Ähnlichen eins und dasselbe muß aufgenommen haben? — Notwendig. — Das aber, durch dessen Aufnahme in sich die ähnlichen Dinge ähnlich sind, ist nicht das eben die Idee selbst? — Auf alle Weise freilich. — Es ist also nicht möglich, daß etwas einer Idee ähnlich ist, noch eine Idee etwas anderem; wo nicht, so erscheint immer eine andere Idee über jenen, und wenn jene wieder ähnlich ist, noch eine, und niemals hört dieses Er-

---

8 vgl. Platon, Politeia, 505 a ff.
9 Der Neuplatonismus hat hieraus später die Konsequenz gezogen, die bei Platon selbst noch unausgeführt ist: Das Schlechte hat gar kein eigenes Sein, es existiert nur als Abwesenheit des Guten; vgl. Plotin, I, VIII, c.3
10 vgl. Platon, Phaidon, 100 b ff.
11 vgl. Platon, Politeia, 509 c ff., ders., Timaios, 27 c ff.

scheinen einer neuen Idee auf, wenn die Idee dem, was sie in sich aufgenommen hat, ähnlich sein soll."[12] In der intelligiblen Welt geht es offenbar anders zu als in der empirischen; die Ideen haben keinen Künstler zur Hand, der nach ihrem Bilde die Sinnendinge gestaltet. Der Versuch, die Idee und das ihr entsprechende Einzelding auf ein vermittelndes Drittes zurückzuführen, worin die Ähnlichkeit beider gründen soll, provoziert lediglich die Frage, wie denn dies Dritte beschaffen ist und mit den beiden andern zusammenhängt, deren Zusammenhang es stiften soll. So wird die Setzung eines Vierten erforderlich, das die Zusammengehörigkeit der drei begründet, jedoch nach einem Fünften verlangt, das die Einheit der vier herstellt — usw. ins Unendliche. Alle Anstrengungen, die Vermittlung als etwas Drittes neben den Vermittelten zu fassen, gar als den letzten Grund, aus dem beide hervorgegangen sind, verlieren sich im Bodenlosen. Das ist die unhintergehbare Einsicht, die sich in schriftlicher Form erstmals bei Platon findet und als das Argument vom *"dritten Menschen"*[13] bekannt geworden ist.

Ob Platon sich der Tragweite dieses Arguments ganz bewußt war, ist zweifelhaft. In einer späteren Schrift, dem 'Timaios', erzählt er eine Geschichte über das All, "wie es entstanden oder vielleicht auch nicht entstanden sei"[14], mit augenzwinkerndem Vorbehalt also, aber dann doch geradewegs beginnend bei dem "Urheber und Vater dieses Weltalls"[15], der den Kosmos nur zu etwas Gutem habe schaffen können, indem "sein Blick auf das Unvergängliche gerichtet"[16] war und er so "alles Sichtbare", das er "nicht in Ruhe, sondern in ungehöriger und ordnungsloser Bewegung vorfand", "aus der Unordnung zur Ordnung"[17] brachte. Dieser Welturheber, der nicht begrifflich hergeleitet, sondern mit ironischer Unbefangenheit erzählerisch vorgestellt wird, kann nun aber nur so aufgefaßt werden, wie Platon es nicht zulassen dürfte: als eine dritte, zwischen Ideen und einem chaotischen Stoff vermittelnde Instanz, die aus beiden ein voll-

---

12 Platon, Parmenides, 132 d ff., a.a.O., S. 69 f.
13 so die stehende Redewendung des Aristoteles, Metaphysik 990 b, 1039 a u.ö. Gemeint ist, daß es neben dem Individuum und der Idee (Gattung) des Menschen nicht noch einen dritten Menschen geben kann.
14 Platon, Timaios, 27 c, Sämtliche Werke, Bd. 5, 1959, S. 153
15 Timaios, 28 c, a.a.O., S. 154
16 Timaios, 29 a, S. 154
17 a.a.O., 30 a, S. 155

kommenes Weltall bildet, um es sodann nach den Gesetzen der Harmonie[18] zur konkreten Welt zu spezifizieren. Platon sitzt hier der Denkfigur des "dritten Menschen" zwar nicht platt auf, kommt aber auch nicht von ihr los, selbst nachdem er ihre Unwahrheit formuliert hat. Ihr wohnt ein Sog inne, in den das Denken wie von selbst gerät, sobald es sich einmal zu den Ideen emporgearbeitet hat. Wüßte man nämlich, worin die Welt als ganze gründet, so wüßte man endlich auch, was Ideen und Sinnenwelt zusammenhält. Der Versuch, die Vermittlung von ideellem und materiellem Sein zu begreifen, führt unweigerlich auf den Weg einer Schöpfungstheorie, den Platon denn auch konsequent einschlägt – nicht ohne die deutliche Ahnung, daß er aporetisch ist.[19] So kommt es, daß Platon ebenso zurückhaltend wie unbekümmert vom Weltanfang erzählt. Der "beste aller Urheber"[20], von dem er eher hymnisch als analysierend spricht, wird zwar mit der Würde eines "immer seienden Gottes"[21] belehnt, ist aber nicht als absoluter Urgrund der Welt gedacht, wie später der christliche Gott, sondern nur als Demiurg, als eine Art göttlicher Baumeister, der die ewigen Ideen und die formlose Materie bereits vorfand und lediglich zusammenfügte. Wie er das tat, welche Beschaffenheit er selbst hat, wenn er weder Idee noch Materie ist, und wie er dennoch mit beiden vermittelt sein kann – das sind die typischen Rätsel eines "dritten Menschen", die auch der Demiurg aufgibt. Platon läßt sie unbearbeitet stehen. Erst die christliche Metaphysik hat sich systematisch an ihrer Lösung versucht.

Vermittlung gibt es nicht nur in der objektiven Welt, sondern ebenso im sie erkennden Subjekt. Das unanschauliche, ideelle Sein, ohne das die empirische Welt in strukturloses Chaos zerliefe, kann nicht mit den Sinnen, sondern nur begrifflich erfaßt werden. Begriffe sind Geistiges, Allgemeines, schweben aber nicht frei umher, sondern kommen nur in einzelnen Menschen vor. Nur wo physische Wesen tatsächlich denken, findet Erkenntnis statt – also nie ohne Vermittlung von Einzelnem und

---

18 vgl. 35 a ff.
19 "Wundere dich also nicht, o Sokrates, wenn wir in vielen Dingen über vieles, wie die Götter und die Entstehung des Weltalls, nicht imstande sind, durchaus und durchgängig mit sich selbst übereinstimmende und genau bestimmte Aussagen aufzustellen."(a.a.O., 29 c, S. 155)
20 a.a.O., 29 a, S. 154
21 a.a.O., 34 a, S. 158

Allgemeinem, Physis und Geist. Wie aber kommt sie zustande? Dieser Frage geht Platon im 'Menon' nach, also noch vor der Formulierung des Arguments vom "dritten Menschen". Ein Sklave, der keinerlei geometrische Vorkenntnisse besitzt, lernt in kurzer Zeit durch Sokrates' gezielte Fragen, daß man die Fläche des Quadrats nicht verdoppelt, indem man die Seitenlänge verdoppelt, sondern indem man die Diagonale des Quadrats zur Seitenlinie eines neuen macht. Platon begnügt sich nicht mit der Beschreibung dieses Lernprozesses. Seine Reflexion beginnt vielmehr dort, wo alle empirische Lernpsychologie endet: bei dem Problem, wie es einen Übergang von Nichtwissen zu Wissen geben kann. Aus nichts wird nichts; Sokrates' Fragen stießen ins Leere, wäre nicht in der Seele des Gefragten bereits etwas vorhanden, was ihm eine richtige Antwort möglich macht. Aus dieser logisch zwingenden Überlegung zieht Platon nun seine Schlüsse: "Sokrates: Was dünkt dich nun, Menon? Hat dieser irgendeine Vorstellung, die nicht sein war, zur Antwort gegeben? Menon: Nein, nur seine eigenen. S: Und doch wußte er es vor kurzem noch nicht ...? M: Ganz recht. S: Es waren aber doch diese Vorstellungen in ihm ... M: Ja. S: In dem Nichtwissenden also sind von dem, was er nicht weiß, dennoch richtige Vorstellungen ... Indem ihn also niemand belehrt, sondern nur ausfragt, wird er wissen und wird die Erkenntnis nur aus sich selbst hervorgeholt haben? M: Ja. S: Dieses nun, selbst aus sich eine Erkenntnis hervorholen, heißt das nicht, sich erinnern? M: Allerdings. S: Und hat etwa nicht dieser die Erkenntnis, die er jetzt hat, entweder einmal erlangt oder immer gehabt? M: Ja. S: Hat er sie nun immer gehabt, so ist er auch immer wissend gewesen. Hat er sie aber einmal erlangt, so hat er sie wenigstens nicht in diesem Leben erlangt. Oder hat jemand diesen die Geometrie gelehrt? ... Wenn er sie aber in diesem Leben nicht erlangt hat und daher nicht wußte: so hat er sie ja offenbar in einer andern Zeit gehabt und gelernt. M: Offenbar. S: Ist nun nicht dieses die Zeit, wo er kein Mensch war? M: Offenbar. S: Wenn also in der ganzen Zeit, wo der Mensch ist, oder auch, wo er es nicht ist, richtige Vorstellungen in ihm sein sollen, welche, durch Fragen aufgeregt, Erkenntnisse werden, muß dann nicht seine Seele von jeher in dem Zustande des Gelernthabens sein? ... M: Das ist einleuchtend. S: Wenn nun von jeher immer die Wahrheit von allem, was ist, der Seele einwohnt, so wäre ja die Seele unsterblich, so daß du getrost, was du jetzt nicht weißt, das heißt aber, dessen du dich nicht erinnerst, trachten kannst zu suchen und dir zurückzurufen."[22] Ein bemerkenswert konsequenter Gedankengang, den Platon an anderer Stelle noch zu erhärten weiß. Im 'Phaidon' weist er nach, daß die Menschen den Begriff der Gleichheit nicht aus empirischem Vergleichen gewonnen haben können, weil umgekehrt er die Bedingung dafür ist, daß ein Vergleich von Erfahrungsgegenständen überhaupt stattfinden kann.[23] Was den Vergleich möglich macht, kann nicht erst aus ihm entspringen. Ist aber der Begriff der Gleichheit in allem Vergleichen bereits enthalten, so ist er, wie Platon meint, unentstanden und muß der Seele immer schon angehören. Und warum sollte, was für diesen Begriff gilt, nicht auch für alle andern gelten? Im Akt der Erkenntnis erinnert sich also die Seele der Ideen, die sie von Ewigkeit her geschaut hat.[24]

Diese Argumentation ist bestechend und nimmt das Rätsel des Lernens ganz ernst. Aus nichts kann keine Erkenntnis entstehen. Der Übergang von Nichtwissen zu Wissen verlangt eine andere Erklärung, und Platon gewinnt sie durch Gleichsetzung von Nichtwissen und Vergessen. Im Zustand der Unwissenheit sind demnach die Begriffe nicht abwesend; sie schlafen gewissermaßen nur in der Seele, und schon ein geringer äußerer Anstoß wie eine Frage oder ein sinnlicher Eindruck kann sie wecken. Damit werden freilich die Begriffe für unabhängig von der Wahrnehmung erklärt. Nach Platons These müßten auch von empirischen Dingen, die das Individuum nie wahrgenommen hat, die entsprechenden Begriffe bereits vorgefertigt in seiner Seele ruhen. Das aber kann nicht sein: "Wenn ein bestimmter Sinn fehlt, so fehlt auch das Wissen von den Dingen, die durch jenen Sinn aufgefaßt werden; so wie ein Blindgeborner keine

---

22 Platon, Menon, 85 b ff., Sämtliche Werke, Bd. 2, 1957, S. 26 ff.
23 vgl. Platon, Phaidon, 74 a ff.
24 Etwas quer hierzu steht der Mythos vom Himmelsflug, der die menschlichen Seelen im Gefolge der Götter an die Außenseite des Himmels zur Schau des ewig Wahren führt, aber nur die "besten" Seelen das Wahre ungetrübt erschauen läßt, die andern verzerrt oder gar nicht (vgl. Platon, Phaidros 246a ff.). So wird zwar erklärt, was die Wiedererinnerungslehre offen ließ: wie es kommt, daß die menschliche Erkenntnisfähigkeit so unterschiedlich ausgeprägt ist, wenn doch alle die gleichen Ideen geschaut haben. Doch die Erklärung ist selbst bloß mythisch und wird der Wiedererinnerungslehre, die sie erhärten soll, nicht als erkenntnistheoretische Argumentation eingefügt.

Kenntnis von Farben haben kann."²⁵ Ebensowenig trägt die Seele bereits die Gedanken in sich, die das Individuum erst durch logisches Schließen gewinnt: "Die gezielte Befragung (sc. des Sklaven durch Sokrates) schreitet fort von allgemeinen Prinzipien, die durch sich selbst bekannt sind, zu besonderen. Durch ein solches Vorgehen aber wird das Wissen in der Seele des Lernenden bewirkt. Wenn er daher richtig anwortet auf das, was ein zweiter ihn fragt, so nicht deshalb, weil er das Gefragte schon vorher wußte, sondern weil er es in diesem Moment neu lernt. Denn es macht nichts, daß der Lehrende es ist, der durch Voraussetzungen und Fragen von allgemeinen Prinzipien zu Schlüssen fortschreitet: Auf beiden Seiten nämlich erlangt der Intellekt ... die Gewißheit über das Spätere durch das Frühere."²⁶ Nicht nur muß jeder Mensch die Begriffe, die der objektive geistige Ausdruck der Dinge sind, selbst erst in sich hervorbringen; er muß sie auch höchstpersönlich zu Urteilen und Schlüssen verknüpfen. Lernen ist produktive Tätigkeit, und Lernen dessen, was anderen schon bekannt ist, eine Art Nachschaffen, das zwar, zumal wenn es unter methodischer Anleitung geschieht, gewöhnlich leichter und schneller vonstatten geht als die Entdeckung von gänzlich Unbekanntem, aber nicht grundsätzlich anders. Lernen kann einer nur, sofern schon etwas da ist, was ihn zur Bildung von Begriffen, Urteilen und Schlüssen befähigt. Die Gleichheit ist eine solche Voraussetzung; ohne sie bereits zu enthalten, könnte der Verstand weder Identität noch Differenz an der Realität bestimmen, also gar nicht erst tätig werden. Nur als in sich strukturierter ist er in der Lage zu denken. Seine Strukturen sind dem tatsächlichen Erkennen jedoch nur logisch vorausgesetzt, nicht zeitlich; sie sind nur auszumachen, wo ein Intellekt auch wirklich Begriffe bildet — nicht schon vorher. Darüber sieht Platon hinweg. Gleichheit soll, weil *in* aller Erkenntnis vorhanden, auch *vor* aller Erkenntnis vorhanden sein, und was für sie recht ist, soll für mathematische und auf Naturdinge bezogene Begriffe billig sein. So entsteht der Schein, als ruhten Verstandesstrukturen und die durch sie organisierten Begriffe bereits fertig verknüpft in der Seele, bevor der Verstand tätig wird. Ein Zeitpunkt ihrer Entstehung

---

25 Thomas von Aquin, Summa theologica I, q 84 a 3 (eig. Übers.)
26 Thomas von Aquin, a.a.O.

ist nicht angebbar, also müssen sie sich immer schon dort befinden, ohne Anfang und Ende. So beweist Platon im Handstreich die Ewigkeit der Seele — in einem Gedankengang, der unwiderlegbar ist, sobald man sich darauf eingelassen hat, das logisch Vorausgesetzte auch stets als das zeitlich Frühere anzusehen.

Platon stellt klar, daß der geheimnisvolle Übergang von Nichtwissen zu Wissen, den man Lernen nennt, ein metaphysisches Problem ersten Ranges ist. Sein Versuch, ihn als einen Akt der Wiedererinnerung zu entschlüsseln, ist daher über alle empirische Lerntheorie hoch erhaben, auch wenn er seinem Gegenstand nicht gerecht wird. Nicht im wirklichen Erkennen physischer Einzelwesen läßt er die Vermittlung von Einzelnem und Allgemeinem zustandekommen, sondern sie *hat* angeblich immer schon stattgefunden — in jenem Niemandsland, wo die körperlose Seele von Ewigkeit her die der konkreten Welt entrückten Ideen schaut. Diese Seele zeigt alle Charakteristika eines dritten Menschen. Vermittelnd zwischen Ideen und Körperwelt, ist sie ungleich erklärungsbedürftiger als das, was sie erklären soll. Wie sie ohne Anschauung und Synthesis die Ideen begrifflich in sich aufzunehmen vermag, ist rätselhaft, wie sie beim Eintritt in den Körper das Aufgenommene vollständig vergessen kann,[27] ist erst recht nicht plausibel zu machen. "Und zwar erstens, weil die Seele, wenn sie von Natur aus die Kenntnis aller Dinge hat, unmöglich diese natürliche Kenntnis dermaßen vergißt, daß sie sich nicht einmal mehr bewußt ist, ein solches Wissen zu haben; denn kein Mensch vergißt, was er von Natur aus erkennt, so wie daß jedes Ganze größer ist als sein Teil und dergleichen. Vor allem aber ist das unzutreffend, wenn man bedenkt, daß es zur Natur der Seele gehört, sich mit dem Körper zu vereinigen ... denn es ist unzutreffend, daß das naturgemäße Wirken einer Sache völlig gehemmt wird durch das, was ihrer Natur entspricht."[28] Der reale Denkakt bleibt unbegriffen, solange er einer autarken Vernunftseele zugeschrieben wird, der der Leib bloß als äußere, austauschbare Hülle anhaftet. Die Erkenntnis, die ein Mensch durch geistige Anstrengung gewinnt, ist so gar nicht *sein* Werk. Ohne ihr Zutun hat die Seele von Ewigkeit her

27 vgl. Platon, Phaidon, 75 e
28 Thomas von Aquin, a.a.O.

die Begriffe empfangen, ohne ihr Zutun werden sie durch äußeren Anstoß aktualisiert. Der Intellekt erscheint als unproduktiv, als bloßer Behälter für Begriffe, die immer schon und unabhängig von subjektiver Tätigkeit in ihm subsistieren. Sie sind das Unpersönliche am Menschen. In seinen Gedanken ist er gerade *nicht* bei sich selbst, als erkennendes Subjekt ist er ohne Individualität. Die Vernunftseele bleibt ihm äußerlich, die Verbindung mit ihr zufällig. So bleibt auch sein irdisches Geschick zufällig. Macht es ihn etwa zum Sklaven, so ist das bedauerlich, aber nicht zu ändern. Das Individuum hat keinen Rechtsanspruch auf Freiheit, solange seine Vernunft das Jenseits seiner Individualität ist.[29]

Ideen- und Wiedererinnerungslehre leiden am gleichen Mangel: Was sie vermitteln sollen, fällt eher auseinander. Ideelle und materielle Seite der Realität sind durch ein Drittes — Demiurg bzw. Vernunftseele — lediglich in eine äußere Beziehung zueinander gesetzt, nicht innerlich verbunden. Doch das ist nicht Platons letztes Wort. Wie er sich davor hütet, die Urbild-Abbild-Theorie zum Dogma zu machen, sondern selbst das sie entkräftende Argument vom dritten Menschen formuliert, so senkt er auch der Wiedererinnerungslehre den zersetzenden Keim ein. Begründen soll sie ja nicht nur Erkenntnis, sondern auch Hoffnung. Sokrates geht seinem Tod guten Muts entgegen, weil er von ihm die Trennung der unsterblichen Seele von der Last des Leibes erwartet. Der Tod ist ihm nur die Vollendung dessen, was er schon zu Lebzeiten konsequent vollzogen hat: Abkehr von allem Leiblichen und Hinwendung zum wahren Sein, den Ideen. Das Leben des Philosophen ist bereits ein verborgenes Sterben, nur unvollständig, "weil, solange wir noch den Leib haben neben der Vernunft ..., wir nie befriedigend erreichen können, wonach uns verlangt ... Denn der Leib macht uns tausenderlei zu schaffen wegen der notwendigen Nahrung, dann auch, wenn uns Krankeiten zustoßen, verhindern uns diese, das Wahre zu erjagen, und auch mit ... Begierden, Furcht ... erfüllt er uns ... Denn auch Kriege und Unruhen und Schlachten erregt uns nichts als der Leib und seine Begierden". So "ist uns

---

[29] So demonstriert Platon die allgemeine Verfahrensweise der Vernunft ausgerechnet an einem Sklaven, ohne den leisesten Zweifel an der Rechtmäßigkeit der Sklaverei zu äußern.

wirklich ganz klar, daß, wenn wir je etwas rein erkennen wollen, wir uns von ihm losmachen und mit der Seele selbst die Dinge selbst schauen müssen. Und offenbar dann erst werden wir haben, was wir begehren und wessen Liebhaber wir zu sein behaupten, die Weisheit, wenn wir tot sein werden, ... solange wir leben, aber nicht."[30] Nirgends als an dieser Stelle macht Platon deutlicher, daß die Vermittlung von Ideellem und Materiellem, obwohl sie allem Empirischen Bestand und Erkennbarkeit verleiht, dennoch den Charakter des Fragmentarischen, über sich selbst Hinausweisenden hat. Zwar ist die bestehende Welt, insofern sie an den Ideen teilhat, das objektive Fundament menschlicher Erkenntnis und somit Bedingung der Wahrheit; doch die vorhandene Welt ist dadurch, daß sie erkannt wird, noch nicht die wahre. Sie ist geschlagen mit Vergänglichkeit, Elend, Zwist; die Idee der Wahrheit hingegen verlangt die volle Übereinstimmung vernünftiger Subjekte mit der Objektivität, theoretisch wie praktisch. Vollkommen gelungene Vermittlung wäre realisierte Wahrheit und Erlösung ineins. Um sie ist es Platon wie um nichts sonst zu tun. Philosophie bedeutet ihm als Liebe zur Weisheit stets auch Sehnsucht nach Erlösung – von der er allerdings, ganz im Sinne der Wiedererinnerungslehre, die Physis strikt ausschließt. Ungetrübte Übereinstimmung mit der Objektivität läßt er allein den körperlosen Vernunftseelen zuteil werden: als reine Ideenschau. Die konkrete Welt kann nicht erlöst werden; es gibt nur Erlösung *von* der Welt, und die Vernunftseelen werden ihrer erst in dem Augenblick teilhaftig, wo sie ganz aus der empirischen Sphäre verschwinden – zurück an jenen imaginären Ort, wo sie sich von Ewigkeit her mit den Ideen ihr Stelldichein gaben.

Beim Versuch, mit der Erkenntnis schließlich auch die Erlösung der menschlichen Seele vom Sinnlichen unabhängig zu machen, gerät Platon nun in einen bemerkenswerten Widerspruch. Sokrates *sehnt* sich nach der Erlösung von den Leidenschaften und Affekten des Leibes; er *begehrt* den ungetrübten Genuß der Ideen. Dies Sehnen und Begehren ist aber selbst in höchstem Maße Affekt und fällt damit auf die Seite des Physischen, von dem die Teilhabe an den Ideen doch gerade erlösen sollte. Auch Sokrates kommt von seiner materiellen Natur nicht

30 Platon, Phaidon, 66 b ff., Sämtliche Werke, Bd. 3, 1958, S. 19

los. Das Verlangen nach Wahrheit ist nur real, wenn wirkliche einzelne Menschen es haben. Der Genuß der Wahrheit – der ebenfalls eine affektive Seite hat – ist nur wirklich, sofern sie es sind, die darin zu ihrem Recht kommen. Die Sehnsucht, von allem Leiblichen erlöst zu werden, die einer unpersönlichen, affektfreien Vernunftseele untergeschoben wird, ist in Wahrheit die Sehnsucht des leibhaftigen Individuums nach *seiner* Erlösung.

Daß Platon sich dessen fast schon bewußt ist, zeigt sein 'Symposion'. Anläßlich eines Gelages wird in reihum gehaltenen Reden der Eros als Gott der Liebe gepriesen, der die "Scham vor dem Schändlichen und das Bestreben nach dem Schönen"[31] bewirke und sodann, mit unterschiedlichen Akzenten, als die Kraft dargestellt wird, die die Organismen zusammenhält, die Individuen zur Geschlechtsliebe zusammenführt, sie aber auch zur Einsicht und Wahrheit treibt und somit in höchstem Maße alle von Menschen erstrebten Tugenden besitzt. Dagegen opponiert Sokrates: Die Liebe begehrt das Geliebte, und "das Begehrende begehrt, wessen es bedürftig ist"[32]. "Bedürftig also ist Eros der Schönheit und hat sie nicht"[33]. "Wenn also Eros des Schönen bedürftig ist und das Gute schön ist, so wäre er ja auch des Guten bedürftig"[34] und kann folglich kein Gott sein, sondern nur ein "großer Dämon": "Denn alles Dämonische ist zwischen Gott und dem Sterblichen"[35]. "In der Mitte zwischen beiden ist es also die Ergänzung, so daß nun das Ganze in sich selbst verbunden ist"[36] und Eros "als philosophisch zwischen den Weisen und Unverständigen mitteninne steht."[37] Auf den ersten Blick erscheint Eros hier als Musterexemplar eines dritten Menschen, aber nur auf den ersten Blick. Wohl ist er ein vermittelndes Drittes zwischen göttlicher und irdischer Sphäre, d.h. zwischen Ideellem und Materiellem, doch dies Dritte hat kein eigenes Sein neben den Vermittelten; sein Sein ist *Mangel*, sein Streben Aufheben des Mangels: Selbsterfüllung und Selbstabschaffung in einem. Das Sein des Eros ist das Nichtsein dessen,

---

31 Platon, Symposion, 178 d, Sämtliche Werke, Bd. 2, 1957, S. 211
32 Symposion, 200 a, a.a.O., S. 230
33 a.a.O., 201 b, S. 231
34 a.a.O., 201 c, S. 231
35 a.a.O., 202 de, S. 232
36 a.a.O., 202 e, S. 232
37 a.a.O., 204 b, S. 233

was er erstrebt. Die Vermittlung, die er leistet, ist stets fragmentarisch, läßt sich als etwas an sich Seiendes gar nicht erfassen, sondern nur als etwas über sich hinaus auf die eigene Vollendung Verweisendes: "Denn dies ist die rechte Art, sich auf die Liebe zu legen", "daß man von diesem einzelnen Schönen beginnend jenes einen Schönen wegen immer höher hinaufsteige, gleichsam stufenweise von einem zu zweien, und von zweien zu allen schönen Gestalten, und von den schönen Gestalten zu den schönen Sitten und Handlungsweisen, und von den schönen Sitten zu den schönen Kenntnissen, bis man von den Kenntnissen endlich zu jener Kenntnis gelangt, welche von nichts anderem als eben von jenem Schönen selbst die Kenntnis ist." "Und an dieser Stelle des Lebens, ... wenn irgendwo, ist es dem Menschen erst lebenswert, wo er das Schöne selbst schaut"[38]. Hier endlich soll der Eros zur Ruhe kommen, die Vermittlung von Ideellem und Materiellem zur Vollendung gelangen. Doch es bricht nur erneut das alte Problem auf. Zwar verweisen die schönen Dinge zwingend auf ein Schönes überhaupt; doch dieses ist real nur *an* den schönen Dingen, nicht unabhängig davon. Indem Platon aus dem Gedanken des an sich Schönen eine ewige, der Sinnenwelt entrückte Idee macht, verwandelt er auch die wahre Liebe zum Schönen schließlich wieder in jene immaterielle, allen sinnlichen Genuß hinter sich lassende Ideenschau, der der Erosgedanke gerade widerstreitet, weil er daran gemahnt, daß die Menschen nur als physische Wesen wirklich zu lieben und zu genießen vermögen. Doch er wird von der Wiedererinnerungslehre überlagert[39], so daß nicht zur Erörterung kommt, was in ihm dämmert: daß Vermittlung sich vielleicht *überhaupt nicht* positiv bestimmen läßt als ein eigenes Sein neben den Vermittelten, sondern nur negativ als etwas, was von sich weg auf die unverkürzte Integrität der Vermittelten verweist, in der es zu verschwinden trachtet.

---

38 a.a.O., S. 211 c, S. 239 f.
39 Der große utopische Entwurf eines vernünftigen Staates ist offenbar ein Ausdruck dieser Überlagerung. Dem weltentsagenden Geist der Wiedererinnerungslehre allein kann er schwerlich entsprungen sein. Dieser Staat soll in der empirischen Welt sein und der Philosophenkönig dafür sorgen, daß die Vernunft darin praktisch wird (Politeia, 473 c ff.). Andrerseits bleiben die Ideen separat und jenseitig und verunmöglichen, worauf der Erosgedanke geht: daß Vernunft nicht im Abstreifen der Natur, sondern nur in der Versöhnung mit ihr realisiert wäre.

Platon lotet bereits die ganze metaphysische Tiefe des Vermittlungsproblems aus, ohne sich allerdings vorbehaltlos auf eine bestimmte Lösung festzulegen. Seine Reflexion bleibt schwebend, weckt immer auch die Gegenkräfte der eigenen Argumentation, durchlöchert den steilen Idealismus, den sie entfaltet, und behält stets den Charakter des nicht ganz Entschiedenen, weiter Tastenden. Aristoteles dagegen drängt auf Eindeutigkeit. Von Platon hat er gelernt, daß die Vermittlung von Ideellem und Materiellem nicht in ein Drittes fallen darf. Daher sieht er nur eine Lösung: Eines der beiden Vermittelten muß sich selbst mit dem andern vermitteln. Welches das ist, leidet keinen Zweifel. Materie an sich ist form- und regellose Masse – unfähig, sich aus eigener Kraft zu konsistenten Dingen zu gestalten. Das Gestaltende muß folglich das Ideelle sein. Doch eine separat in sich ruhende Ideenwelt ist nicht in der Lage, irdische Dinge zu konstituieren. Das Ideelle muß diesen Dingen selber einwohnen, wenn es sie zu konsistenten Gebilden gestalten soll: als ihre innere Form (eidos), nicht als ihnen äußerliche Idee. Das ist Aristoteles' Haupteinwand gegen Platon[40] – ebenso konsequent wie problematisch. Denn das Ideelle muß nun zweierlei zugleich sein: passiv und aktiv, unwandelbar und tätig. Aristoteles charakterisiert es als *energeia* – lateinisch: actus –, als in sich beharrliche Wirklichkeit und Tätigkeit zugleich. Doch wie ist das möglich? Wie kann die Form eines Dings zugleich sein Formgeber, seine spezifische Gestalt zugleich sein Erzeuger sein? Aristoteles weiß Rat. In der Entstehung natürlicher Dinge waltet Regelmäßigkeit. Aus einer bestimmten Sorte Keim wird immer eine bestimmte Sorte Baum, nicht das eine Mal eine Blume, das andere Mal ein Fisch oder Lurch. Der Keim trägt offenbar das Resultat seiner Entwicklung bereits als Zweck (telos) in sich. Allem Anschein nach ist es dieser Zweck, der der Entwicklung Richtung und Regelmäßigkeit gibt; also kann er nicht nur Resultat, sondern muß auch Ursache der Entwicklung sein: "Denn Grund ist das Umweswillen; um des telos willen aber gibt es Entstehung; telos aber ist die energeia." "Daher ist der Name 'energeia' auch von 'ergon (Werk)' hergeleitet und zielt auf die Vollendung (entelecheia)."[41] Daß ein Zweck auch Ur-

---

40 vgl. Aristoteles, Metaphysik, passim
41 Aristoteles, Metaphysik, 1050 a (eig. Übers.)

sache sein kann, ist die Entdeckung, die Aristoteles eine bestechende Lösung des Vermittlungsproblems ermöglicht: Das den Dingen immanente Ideelle ist einerseits Zweck an sich und insofern beharrlich in sich ruhende Form, andrerseits sich realisierender Zweck und insofern zugleich Formgeber. Es ist mit dem Materiellen vermittelt, weil es selbst das Subjekt der Vermittlung ist.

Allerdings hat diese Lösung Voraussetzungen, die Aristoteles nicht offenlegt. Die Modelle, nach denen er sich die Konstitution der Natur zurechtlegt, sind nämlich menschliches Produzieren und Denken. Damit ein Artefakt, etwa ein Haus oder Tisch entsteht, müssen vier Ursachen zusammenkommen: das Material, der Hersteller, die Form des herzustellenden Gegenstands, die der Hersteller schon im Kopf haben muß, wenn er planmäßig arbeiten will, und der Zweck.[42] Aristoteles überträgt nun die Entstehung von Artefakten auf die von natürlichen Organismen und läßt dabei drei der vier Ursachen ineins fallen. Ein Baum entsteht nicht um menschlichen Gebrauchs willen wie ein Haus oder Tisch, sondern um seiner selbst willen. Sein Zweck ist von seiner Form nicht unterschieden, und sein Erzeuger scheint es ebensowenig zu sein: Der Baum, der ihn zum Keim werden ließ, war dazu doch anscheinend nur imstande kraft der ihm innewohnenden Baumform. So bleibt einzig der Stoff als eine zweite Ursache neben der Form bestehen, und das Ineinandergreifen beider erscheint als die vermittelnde Leistung der Form. Dieser Schein entsteht so: Während bei Artefakten sich die Form des jeweiligen Dings deutlich von dem Menschen unterscheidet, der sie im Kopf hat und in einem Material realisiert, läßt sich an natürlichen Organismen neben der Form keine zusätzliche Ursache ausmachen, die die Form in den Stoff bringt. Also gibt es auch keine, folgert Aristoteles; die Form tut das selbst. Weil Form und Zweck ineins fallen, sollen auch Form und Formierendes identisch sein. Das ist der Trugschluß. Kein Naturzweck vermag als Ursache zu wirken, es gebe denn eine weitere, von ihm unterschiedene Ursache, die ihn realisiert. Die spezifische Form, die die Konsistenz und Erkennbarkeit eines Naturdings ausmacht, ist realisierter Zweck, nicht das ihn Realisierende, etwas Gewordenes, nicht

42 vgl. Metaphysik 983 a

Motor des Werdens.[43] Über die Unaufhebbarkeit dieser Differenz täuscht der Begriff der energeia hinweg und verführt zur Scheinlösung des Vermittlungsproblems: durch Gleichsetzung von Form und Formierendem, Grund und Begründetem. In der Form, die einen Gegenstand durchherrscht und identifizierbar macht, wähnt Aristoteles die Vermittlung von Ideellem und Materiellem selbst zu erfassen — und erfaßt doch bloß ihr Resultat. Sie selbst bleibt begrifflicher Fixierung entzogen, ohne daß sich ihr Vorhandensein deshalb leugnen ließe.

Es ist, als habe Aristoteles diesen Mangel geahnt, denn er geht das Vermittlungsproblem auch noch von einer andern Seite an. Es gibt eine Sphäre, worin die Differenz von Ursprung und Resultat verschwindet: den menschlichen Geist. Nur durch die konkrete Denktätigkeit eines Subjekts entstehen Gedanken, doch das Gedachte ist nichts anderes als Denken: Vernunft. "Gedacht nämlich wird sie selbst, indem sie Gedachtes berührt und denkt, so daß Vernunft und Gedachtes dasselbe sind."[44] Mit dieser Einsicht setzt sich Aristoteles von der platonischen Erkenntnislehre ab. Gedanken ruhen nicht fertig verknüpft in der Seele, bis daß äußere Einwirkung sie weckt, sondern sie werden durch Denken hervorgebracht und zusammengesetzt. Und wie geschieht das? Mit "allen animalischen Wesen" teilen die Menschen "eine angeborene Urteilskraft, die man den Sinn nennt. Während aber der Sinn allen diesen Wesen einwohnt, stellt sich bei den einen von ihnen ein Beharren und Bleiben des sinnlichen Wahrnehmungsbildes ein, bei den andern nicht." "Wenn sich aber diese bleibenden Eindrücke mehren, tritt noch ein weiterer Unterschied auf, indem die einen aus dem Beharren der Wahrnehmungsbilder einen Begriff gewinnen, die anderen nicht."[45] Die Menschen gelangen als einzige Lebewesen bis zum Begriff, und es scheint zunächst, als sei die "Urteilskraft", die sie dahin führt, ein rein rezeptives Vermögen. "Aus der Wahrnehmung entsteht nun das Gedächtnis, wie wir das Beharren nennen, aus dem Gedächtnis, wenn derselbe Vorgang sich ihm oft unterbreitet, die Erfahrung; denn die der Zahl nach

---

43 "Statt das formierende Prinzip zu bezeichnen, in dem die Genesis konkreter Einzeldinge gründet, bezeichnete das aristotelische Eidos nur ein Resultat von Entwicklung." (K.H. Haag, Der Fortschritt in der Philosophie, 1983, S. 32)
44 Metaphysik, 1072 b, Reclam 1976, S. 314
45 Aristoteles, Analytica posteriora, 99 b f., Phil. Bibl. Meiner, Bd. 11, 1976, S. 105 f.

vielen Erinnerungen sind *eine* Erfahrung. Aus der Erfahrung aber oder aus jedem Allgemeinen, das in der Seele zur Ruhe gekommen ist ..., stammt das, was das Prinzip der Kunst und der Wissenschaft ist"[46]. Das liest sich, als sei es allein die Addition äußerer Eindrücke, die allmählich Erinnerung und mit der Zeit "Erfahrung", d.h. auf Empirisches gerichtete Begriffe erzeuge, während die Seele lediglich das passive Organ vorstelle, worin sich das alles festsetzt. So ist es freilich nicht gemeint.[47] Festsetzen kann sich in der Seele nur, was von ihr selbst fest*gehalten* wird. Daß sinnliche Eindrücke in ihr beharren und schließlich Begriffe daraus entstehen, ist ihre eigene Leistung. Allen Inhalt empfängt sie von außen, aber nur, indem sie ihn zu einem inneren umarbeitet und sich so ihren spezifischen Inhalt selbst gibt. Schon in der Wahrnehmung ist sie nicht bloß passiv, sondern zeigt sich fähig, "die wahrnehmbaren Formen ohne Materie aufzunehmen"[48], sie also vom äußeren Gegenstand abzulösen. Erst recht ist das Denken in dieser Weise tätig; es löst von den in der Seele festgehaltenen Sinneseindrücken allgemeine Begriffe ab, unter die die wahrgenommenen Gegenstände zu subsumieren sind.

Aristoteles stößt nun auf etwas Merkwürdiges: daß der Geist oder die Vernunft (nus) sowohl das ist, was die Begriffe bildet als auch das, woraus und worin sie gebildet werden. Einerseits muß der menschliche Geist also fähig sein, "die Form (sc. der materiellen Dinge) aufzunehmen und der Möglichkeit nach so sein wie die Form, aber nicht diese (selbst)"[49]. Insofern ist er "der Platz der Denkformen", aber nur "der Möglichkeit nach"[50], und besitzt "keine andere Natur als diese, daß er Vermögen ist", denn er "ist der Wirklichkeit nach, bevor er denkt, nichts von den Dingen."[51] Andrerseits denkt er tatsächlich, ist also fähig, sich selbst aus Möglichkeit in Wirklichkeit zu überführen, so daß "es einen Geist von solcher Art gibt, daß er zu allem wird, und einen andern von solcher, daß er alles bewirkt als eine Art Kraft wie das Licht; denn gewissermaßen macht auch das Licht

---

46 Anal. post. 100 a, a.a.O., S. 106
47 vgl. Aristoteles, De anima, Buch III passim
48 Aristoteles, De anima 424 a (eig. Übers.)
49 De anima, 429 a
50 ebd.
51 ebd.

die möglichen Farben zu wirklichen Farben."[52] Durch das Zusammenwirken dieser beiden "Geister" erzeugt die Vernunft ihren Inhalt selbst, ist selbst Grund und Begründetes, Ursprung und Resultat, und es ist kein Zufall, daß Aristoteles für den wirkenden Geist den Vergleich des Lichts wählt. Die Entstehung von Licht kann nämlich nur gedacht werden als ein Sich-Abheben von der Finsternis, das weder in der Finsternis selbst noch in einem Dritten seinen Grund hat; Dämmerung setzt Licht schon voraus. Mit der Metapher des Aufleuchtens verbindet sich daher nicht nur die Assoziation des Sehens und Erkennens, sondern ebenso die des spontanen, nicht weiter herleitbaren Erzeugens und Entstehens, des Bewegens, ohne durch anderes bewegt zu sein.[53] Dies Moment produktiver Spontaneität, das in physischen Wesen Vernunft anzündet — der Funke ist selbst schon Feuer — und damit sowohl Einheit von Denken und Gedanken als auch Vermittlung von Körper und Geist stiftet, läßt sich zwar bezeichnen und bildlich umschreiben, aber nicht begrifflich aufschließen; was es an sich selbst ist und wie es funktioniert, entzieht sich jeder geistigen Durchdringung. Faßlich sind nur seine Resultate; Aristoteles jedoch versucht es selbst zu fixieren. Er verselbständigt den wirkenden Geist, der doch nur das Moment des Aufleuchtens an der Vernunft ist, zu einem Ansich des Wirkens, dem er ein separates Dasein unterschiebt: "Denn stets ist das Wirkende ehrwürdiger als das Leidende und der Ursprung als die Materie. Aber es ist nicht so, daß er bisweilen denkt, bisweilen nicht; abgetrennt nur ist er, was er ist, und dies allein ist unsterblich und ewig."[54] Das ist die einzige Stelle, an der Aristoteles einem Seelenteil vorbehaltlos Unsterblichkeit zuspricht. Nachdem er den wirkenden Geist erst einmal zu einem eigenen Sein hypostasiert hat, ist das auch nur konsequent: Wirken an sich kann nur gedacht werden als immerseiende Aktualität, als energeia also, worin Beharrlichkeit und Tätigkeit eins sind. Und so entsteht der Schein, als sei im wirkenden Geist das Lösungsmittel des Vermittlungsproblems so rein herausdestilliert, daß es sich vom menschlichen Denken auf die Natur als ganze übertragen läßt.

52 a.a.O., 430 a
53 Der Begriff der Erleuchtung ist später denn auch mit innerer Konsequenz zum Angelpunkt der Erkenntnistheorie geworden; s.u. Kap. 3
54 De anima, 430 a

Wo Natur ist, ist Bewegung: Entstehen, Vergehen, Wachsen, Schrumpfen, Ortsveränderung etc. Doch nirgends in der Natur läßt sich ein Anfang der Bewegung auffinden: "unmöglich kann Bewegung entstanden sein oder vergehen — denn sie war immer — ebensowenig die Zeit."[55] Doch gibt es Bewegung nur, sofern sie ausgelöst wird; folglich muß sie von Ewigkeit her ausgelöst sein — durch etwas, was selbst keines Auslösers bedarf, "etwas, das, ohne selbst bewegt zu werden, anderes bewegt." "Die Ortsbewegung nämlich ist die erste unter den Veränderungen, und unter dieser die Kreisbewegung; diese Kreisbewegung aber wird vom bewegenden Unbeweglichen ausgelöst." "Von einem derartigen Prinzip also hängt der Himmel ab und die Natur."[56] Es fällt nicht schwer, in diesem Prinzip die Hypostase des wirkenden Geistes zu erkennen. "Sein Leben ... verläuft so, wie es in seiner besten Form uns nur kurze Zeit zuteil wird. Bei ihm herrscht immerwährend dieser Zustand"[57], nämlich: "Das Denken an sich geht auf das, was an sich das Beste ist."[58] "Füglich denkt sich die Vernunft selbst, wenn sie das Vorzüglichste ist, und ihr Denken ist Denken des Denkens."[59] Das unbewegt Bewegende ist also bestimmt als immerwährende, sich selbst durchsichtige und genießende Vernunft: als Gott, der sich nicht bloß "so wohl befindet, wie wir uns nur zuweilen", sondern "in noch höherem Maße". "Und auch Leben kommt ihm zu; denn die energeia der Vernunft ist Leben, jener aber ist die energeia." "Wir sagen also, daß der Gott ewiges und bestes Lebendes sei."[60]

Dieser Gott, der nicht wie Platons Demiurg erzählerisch eingeführt, sondern begrifflich hergeleitet wird, ist das Resultat einer großen Einsicht und einer falschen Konsequenz daraus. Daß nur kraft eines Moments unableitbarer Produktivität der menschliche Geist in der Lage ist, sich konkreten begrifflichen Inhalt zu geben, ist eine Erkenntnis, deren Bedeutung für die menschliche Subjektivität kaum überschätzt werden kann.[61] Dies aufs Denken beschränkte Moment unbewegten Bewegens,

---

55 Metaphysik, 1071 b, a.a.O., S. 309
56 a.a.O., 1072 b, S. 313
57 ebd.
58 a.a.O., 1072 b, S. 314
59 a.a.O., 1074 b, S. 320
60 a.a.O., 1072 b
61 s.u. Kap. 3 ff.

das sich zudem jeder weiteren begrifflichen Erklärung beharrlich verschließt, zum Schlüssel der Welterklärung zu machen – das freilich ist Aristoteles' Gewaltstreich. Er erhebt den wirkenden Geist zu einem eigenständigen, ewigen Wirken an sich, verwandelt dieses rein innergeistige Wirken in ein ewiges Übergehen in Nichtgeistiges und legt es als solches dann dem ganzen Kosmos zugrunde: als unbewegten Beweger.[62] So versucht er seine These, daß die inneren Formen natürlicher Organismen Zweckursache ihrer selbst und insofern energeia seien, zu erhärten durch den Nachweis eines Inbegriffs von energeia, der nicht nur wie die Formen einzelne Naturdinge konstituiert, sondern die Natur als ganze. Doch das angeblich Konstituierende ist bloß ein hypostasiertes Moment des Denkens, das den Beweis, den es leisten soll, verunmöglicht. Es zwingt nämlich zu dem Schluß, daß die inneren Formen der Dinge gar nicht selbst energeia *sind*, sondern sie von ihrem Inbegriff, dem unbewegten Beweger, *empfangen*, der sich damit als von ihnen unterschieden zeigt und unversehens zu etwas Drittem zwischen Form und Stoff gerät: "Wodurch sich etwas verändert, das ist das erste Bewegende, was sich aber verändert, das ist der Stoff; und in was es sich verändert, das ist die Form."[63] Die Bewegung des ersten Bewegers ist nicht derart produktiv, daß sie Form und Stoff erschafft, denn "weder Stoff noch Form entsteht"[64]; sie stiftet lediglich die Beziehung zwischen beiden und mit ihr den Zusammenhalt der Natur als ganzer.[65] So ist die energeia als unbewegter Beweger doch etwas Drittes zwischen Form und Stoff, das zwar auf die Seite des Ideellen fällt, weil es als Geist gedacht wird, und dennoch den Charakter eines dritten Menschen nicht ganz los wird, weil der Geist so recht keiner ist: Er ist verkürzt auf sein produktives, entfaltendes Moment – ohne den entfalteten Inhalt. Deshalb denkt auch der aristotelische Gott, der ja vollkommener Geist sein soll, nichts Konkretes; sein Denken des Denkens bleibt eine leere Bestimmung, die ihn die Züge eines göttlichen Subjekts nicht recht gewinnen

---

62 Ob der wirkende Geist in der menschlichen Seele nun selbst Gott oder davon unterschieden ist, bleibt ungeklärt und macht in der mittelalterlichen Aristoteles-Rezeption denn auch einen erheblichen Streitpunkt aus; vgl. Thomas von Aquin, S.th. I, q.79 a.4.
63 Metaphysik, 1070 a, S. 304
64 a.a.O., 1069 b, S. 304
65 vgl. a.a.O., 1075 a

läßt. Seine Vollkommenheit bleibt Behauptung; seine Subjektivität ist verflüchtigt in ein unbewegtes Bewegen, das nicht, wie der menschliche Verstand, bestimmte geistige Inhalte entfaltet, sondern als nicht weiter bestimmbares absolutes Übergehen in Nichtgeistiges ewig in sich verharrt: als nicht ganz Subjekt gewordene Vermittlung neben den Vermittelten. Am unbewegten Beweger zeigt sich einerseits, wie schwierig es ist, der Denkfigur des dritten Menschen auszuweichen, und andrerseits, wohin ein idealistischer Ausweichversuch unweigerlich führt. Wenn nämlich einmal als ausgemachte Sache gilt, daß die Vermittlung nur auf die Seite des Ideellen fallen kann, so muß die ideelle Substanz in ihrer Gesamtheit, nicht nur in ihren einzelnen Formen, als vermittelnd tätig gedacht werden: als göttliches Subjekt. Damit kehrt in neuer Gestalt wieder, was die Vorsokratiker verabschiedet zu haben meinten. Die Subjektivität galt ihnen als das Unzuverlässige, Unvollkommene an den griechischen Göttern, und nun stellt sich heraus, daß das wahre Sein, das sie philosophisch-begrifflich zu fassen suchten, nur dann als ein vollkommenes gedacht werden kann, wenn ihm Subjektivität zuerkannt wird — freilich nicht jene trübe, willkürliche des Olymps, sondern eine zum Inbegriff aller Objektivität und Wahrheit geläuterte. Zu dieser Läuterung trägt Aristoteles bereits erheblich bei. Vollends durchgeführt allerdings wird sie erst vom Christentum, das beim Versuch, Christus als "Mittler zwischen Gott und Menschen" (1Tim 2,5) zu erweisen, auch das metaphysische Vermittlungsproblem auf seine theologische Spitze treibt.

3. Der Mittler

Viel historisch Gesichertes läßt sich über die Person, auf die sich das Christentum beruft, nicht ausmachen. Der Zimmermann (Mk 6,3) oder Zimmermannssohn (Mt 13,55) Jesus von Nazareth gehörte vermutlich einige Zeit der Sekte Johannes des Täufers an, jenes Bußpredigers am Jordan, der das unmittelbare Bevorstehen des göttlichen Weltgerichts verkündete und nur in der schleunigen Abkehr von allen Sünden, symbolisiert durch den Reinigungsritus der Taufe, noch eine letzte Chance sah, dem göttlichen Zorn zu entrinnen (Mk 1,4ff.). Mit diesem

Zorn hat es eine besondere Bewandtnis: Ihm galt nicht nur alle Furcht, sondern auch alle Hoffnung der Juden. Wie sollten sie sonst mit ihrer Geschichte, diesem großen Scherbenhaufen, fertig werden? Einst hatten sie Anlaß gehabt, sich das erwählte Volk zu nennen. Nur ihnen war das Land, wo Milch und Honig fließt, verheißen worden. Nur sie hatten einen Gott, der erkennen ließ, was Geschichte ist: nicht blindes Naturschicksal, sondern bewußtes Fortschreiten, zielgerichteter Prozeß, dessen Sinn einzig in der Erfüllung der Verheißung liegen konnte. Doch gerade um die war es schlecht bestellt. In Palästina, wo Israel nach dem Auszug aus Ägypten seßhaft wurde, floß Blut, nicht Milch und Honig. Auch das glanzvolle Königreich Davids und Salomons hatte keinen Bestand. Zwar entzündete sich an seinem Zerfall die Hoffnung, daß ein neuer David, ein gottgesalbter König einst vom Berg Zion aus das unzerstörbare messianische Reich der Gerechtigkeit errichten und so den verheißenen Frieden endlich bringen werde (Jes 11,1 ff.), aber auch daraus wurde nichts; die Zerstörung Jerusalems und die babylonische Gefangenschaft waren das harte Los des jüdischen Volkes (2 Kön 24 f.). Seither rückte das mosaische Gesetz, das die politisch Entmachteten wenigstens noch als Kultgemeinde zusammenhielt, ins Zentrum der Aufmerksamkeit. In seinen Vorschriften wurde der göttliche Wille bereits als gegenwärtig gewußt, auch wenn die Erfüllung der Verheißung noch ausstand. So wurde das Gesetz zum Unterpfand des Zukünftigen, zur Wegzehrung für den Marsch durch die Wüste der Geschichte, seine peinlich genaue Befolgung zur Bedingung für die Ankunft am Ziel. Als die wahre Treue gegen die Verheißung galt nun die Gesetzestreue; das Unterpfand der Erlösung war zugleich der Vorbote des göttlichen Weltgerichts. Gott, so meinte man zu wissen, wird seine Verheißung einlösen, indem er sein Gesetz zu universaler Geltung entfesselt und alle zugrunde richtet, die es mißachteten; die wenigen aber, die ihm treu blieben, wird er retten und so für das schreiende Unrecht der Geschichte entschädigen. Nun untergrub die Römerherrschaft auch noch diese Hoffnung, denn sie bedrohte den Fortbestand der jüdischen Kultgemeinde und damit die Existenz des Gesetzes selbst. Wenn Gott wirklich das Blatt der Geschichte wenden wollte, dann hatte er eigentlich keine Zeit mehr zu verlieren. Der Tiefpunkt war erreicht; der Umschwung mußte unmittelbar bevorstehen. Der Druck der verzweifelten historischen Situation steigerte die Erwartung des göttlichen Zorngerichts zur sehnlichen Naherwartung.

Von ihr war, soweit wir wissen, auch Jesus beseelt (Mk 1,14 f.); nur erwartete er etwas anderes als Johannes der Täufer: statt universaler Vergeltung universale Versöhnung. Offenbar war er nicht bereit, dem Weltgericht das letzte Wort zu lassen; denn alle Vergeltung, wie gewaltig sie auch daherkommt, wäre letztlich doch nur die Wiederholung dessen, was ohnehin schon den Weltlauf bestimmt: Untat und Strafe, Sieg und Niederlage, Herrschaft und Knechtschaft. Wahrhaft göttlich und erlösend wäre erst, was diesen Weltlauf als ganzen sprengt, nicht was ihn unter umgekehrten Vorzeichen fortsetzt.[1] So trennte sich Jesus wohl vom Täufer; jedenfalls versammelte er eine eigene Jüngerschar und zog mit ihr predigend durch Galiläa. In gewaltigen Reden und spektakulären Zeichen malte er dem Volk das nahe Gottesreich in seiner alles umwerfenden Erlösungskraft vor Augen und suchte so das Ersehnte eigens mit herbeizudrängen. In diesem theologischen Zusammenhang steht auch seine symbolische Reinigung des Jerusalemer Tempels, nach der er schließlich gefangen genommen und in gemeinsamer Aktion von jüdischer und römischer Gerichtsbarkeit zum Tode verurteilt wurde. Die Kreuzigung, die er erlitt, war der Inbegriff aller Schmach. Sie war denen vorbehalten, die die gesellschaftliche Ordnung direkt gefährdeten: entlaufenen Sklaven, Aufrührern, Gotteslästerern.

Was hat diese eher spärliche Biographie mit dem Vermittlungsproblem zu tun? Schließlich gründete Jesus keine Philosophenschule, und die religiöse Bewegung, die sein Auftreten und Tod nachträglich hervorrief, war mit der Verarbeitung ihrer außergewöhnlichen historischen Erfahrung vollauf beschäftigt. Wie das Neue Testament zeigt, suchte sie einzig die für sie alles überragende Bedeutung ihres Herrn in Worte zu fassen und interessierte sich keinen Deut für abstrakte Spekulationen über Ver-

---

1 Auch wenn Jesus nichts Schriftliches hinterlassen hat, auch wenn sich der genaue Wortlaut seiner Aussprüche nicht rekonstruieren läßt — daß seine Reden und Gleichnisse wesentlich vom Gedanken des barmherzigen Gottes, nicht des unerbittlichen, des Erlösers vom Gericht, nicht des Richters bestimmt waren, gehört zu den wenigen Befunden neutestamentlicher Forschung, die gleichermaßen anerkannt wie zuverlässig sind.

mittlung. Doch der Gegensatz von historischer Erfahrung und Spekulation ist Schein. Wie die historische Erfahrung den Vermittlungsgedanken geradezu aus sich hervortreibt, wie er durch sie eine zuvor nicht gekannte Schärfe und Konzentration gewinnt, läßt sich am frühen Christentum Schritt für Schritt verfolgen.

Nach Paulus, dem Heidenapostel und ersten christlichen Schriftzeugen, besteht das ganze Evangelium eigentlich nur aus zwei Thesen: "... daß Christus für unsere Sünden gestorben ist ... und daß er auferweckt worden ist am dritten Tag." (1Kor 15,3 f.) Die zweite These war der wundergläubigen Phantasie der Zeitgenossen gar nicht so befremdlich; über die Wiederbelebung Gestorbener oder über sterbende und auferstehende Götter waren zahlreiche Geschichten im Umlauf.[2] Viel dringlicher bedurfte die erste These der Erläuterung, und Paulus hat sich in seinen Briefen eingehend darum bemüht. Die vielen einzelnen Sünden, die die Menschen ständig begehen, haben eine gemeinsame Wurzel: die Sündhaftigkeit der Welt als ganzer.[3] Was Paulus Sünde (Singular) nennt, ist nichts anderes als die mit Mangel und Vergänglichkeit geschlagene nachparadiesische Sinnenwelt, an die die Menschen allesamt gekettet sind und bei der sie sich nicht beruhigen mögen. Gibt es nichts von der Sinnenwelt Unterschiedenes, Beständiges, woran man sich halten kann, so gibt es auch keine Wahrheit, die den Geist der Menschen vom Umherirren und ihre Physis von der Qual des Mangels erlösen könnte. Dies Andere, Beständige war für Platon und seine Schüler das ideelle Sein, das ungeworden in sich verharrt und der materiellen Welt Struktur und Erkennbarkeit verleiht, ohne sich mit ihr jedoch zu einem bruchlosen, versöhnten Ganzen zu vereinen. Zwar waren weder Platon noch Aristoteles umhingekommen, die Vermittlung der ideellen Formen mit ihrem Stoff auf einen Gott zurückzuführen; doch ob er nun mehr mythologisch als Demiurg oder mehr philosophisch als erster Beweger dargestellt wurde — in beiden Fällen gewann er nicht die Konturen eines vollkommenen göttlichen Subjekts, sondern blieb eine Art Unperson, ähnlich blind gegen die Welt wie die Ideen, die ja nur gedacht *werden*, nicht aber selbst denken können und

---

2 W. v. Soden, Auferstehung I, in: Religion in Geschichte und Gegenwart, 3.A., Bd.I, S.688 f.
3 vgl. R. Bultmann, Theologie des Neuen Testaments, 1968, 6. A., S. 249

daher auch nicht in der Lage sind, dem Weltlauf einen vernünftigen Endzweck zu setzen, der das Fragmentarische an der Vermittlung von Ideellem und Materiellem überwindet. Erst das Christentum wagt diese Überwindung zu proklamieren. Es geht konsequent dazu über, Gott als Inbegriff des Ideellen *und* als Subjekt zu fassen. Dieser Übergang vollzieht sich in der Verarbeitung historischer Erfahrung. Die Ideensphäre verliert ihre Unpersönlichkeit, indem sie mit einer historischen Person zusammengeschlossen wird, und die historische Person wiederum gewinnt dabei den Charakter eines Ideals.

Das kündigt sich früh an. Schon Paulus war klar, daß das große Wort vom Tod Jesu "für unsere Sünden" nur unter einer Bedingung gilt: Der Gekreuzigte darf mit eigener Sünde nicht belastet gewesen sein, denn die Sünde, das Verstricktsein der Menschen in den Unheilszusammenhang von Elend und Schuld, wird schließlich durch ihren Tod besiegelt: "... der Tod ist der Sünde Sold" (Röm 6,23). Hätte Jesus an der Sünde teilgehabt, so hätte er mit seinem Tod nur für sich selbst den Sold entrichtet. Hat er ihn aber stellvertretend "für uns" bezahlt, wie das urchristliche Bekenntnis behauptet, und uns damit von der Sünde "losgekauft" (Gal 3,13), so vermochte er das nur, weil er nicht wie alle anderen Menschen dem Sündenzusammenhang unterstand. Von der Sünde ausgenommen ist aber nur einer: Gott selbst. Jesus konnte sich als Mensch für die Sünde der Menschheit nur dahingeben, sofern er zugleich am Sein Gottes teilhatte, das über Raum und Zeit und die in ihnen sich fortbewegende Unheilsgeschichte erhaben ist. Da Jesus weder aus dem Nichts noch aus bloß menschlicher Zeugung in diese Welt gekommen sein kann, bleibt nur eines: aus ewiger, göttlicher Natur. Göttliche Präexistenz und Menschwerdung sind also die Voraussetzungen, unter denen sich der Tod Jesu als das heilbringende Sühnopfer für die ganze Menschheit überhaupt erst interpretieren läßt.[4]

---

4 Aus Angst, in die schlechte Gesellschaft der antiken Opferkulte zu geraten und darin die Einzigartigkeit des eigenen Glaubens einzubüßen, haben Neutestamentler immer wieder allen wissenschaftlichen Scharfsinn aufgeboten, um die konstitutive Bedeutung des Opfermotivs für das Christentum zu verschleiern. Man unterteilt gewaltsam in Sühnopfer, stellvertretendes Opfer und Tod als Mittel des Loskaufs, die zwar "nah verwandt", aber dennoch selbständige Motive seien (vgl. Bultmann, a.a.O., S. 295), man unterscheidet willkürlich zwischen Loskauf, Stellvertretung und Opfer, deren Übergänge "schwebend" seien (vgl. H. Conzelmann, Grundriß der Theologie des Neuen Testaments, 1967, S. 89), oder man spricht geheimnisvoll "von der tiefsten Schmach der Inkarnation als dem Preis des

Opfer waren allen antiken Religionen vertraut. Mit ihnen beschwor und bestach man die Götter. Man trat in eine Art listigen Handel mit ihnen ein, indem man ihnen einerseits Anerkennung und Tribut zollte, um andrerseits auf diese Weise die eigenen Zwecke gegen sie durchzusetzen.[5] Dies Tauschverhältnis wird im Christentum durchbrochen. Es macht Schluß mit der ständigen Wiederholung eines blutigen Rituals, weil es das heilbringende Opfer als bereits ein für allemal vollzogen ansieht: in der Kreuzigung Jesu. Die allerdings war eine Hinrichtung und von keinem der Beteiligten als Opfer beabsichtigt. Also haben hier nicht Menschen ihrem Gott wirklich ein Opfer dargebracht, sondern sie *nehmen* eine historische Begebenheit nachträglich für das einmalige Opfer, das sie vom Wiederholungszwang ihrer eigenen Opfer erlöst — als Geschenk Gottes an sie, nicht als ihr Geschenk an Gott. So interpretiert wird das Opfer zum Ereignis schlechthin, zum erlösenden Angelpunkt der Weltgeschichte, worin einerseits alle Verheißungen der jüdischen Tradition zusammenlaufen, andrerseits alle heidnischen Opferkulte überflüssig werden. Diese Historisierung des Opfers ist zugleich seine Vergeistigung. In reflektierender Erinnerung, nicht in äußerlichem Ritual wird das Vergangene aktualisiert. Wer im Tod Jesu das universalgeschichtliche Sühnopfer *erkennt*, hat an seiner Heilswirkung teil. Erkennen heißt aber zugleich sich bewußt machen, wie es dazu kommen konnte: allein durch den Übergang des Erlösers aus der göttlichen in die menschliche Sphäre. Daher Bezeichnungen wie Christus und Sohn Gottes, die bald zu den maßgeblichen Hoheitstiteln für Jesus wurden. Christus — hebräisch: Messias — ist der "Gesalbte", auf dem nach alttestamentlicher Vorstellung (Jes 9;11) der Geist Gottes ruhen und durch den er sich in der Welt durchsetzen wird — ein Mensch also einerseits und zugleich doch mehr als bloß ein Mensch.[6] Für dies "mehr" steht der Titel Sohn Gottes; er bringt die Überzeugung zum Ausdruck, daß der Tod Jesu die

---

ohne unsere Mitwirkung zustande gekommenen Heils" (E. Käsemann, Paulinische Perspektiven, 1969, S. 79) — als steckte in diesen verschiedenen Formulierungen nicht ein und derselbe Gedanke: die stellvertretende Hingabe eines Einzelnen zur Verschonung und Rettung der Allgemeinheit. Und die nennt man schlicht Opfer.

5 M. Horkheimer/Th.W. Adorno, Dialektik der Aufklärung, 1969, S. 46 ff.
6 Wie das genau zu denken sei, war für das biblische Judentum noch gar kein Problem; es gibt hier keine systematische Bestimmung des Messias; vgl. G. Scholem, Die Krise der Tradition im jüdischen Messianismus, in: ders., Judaica 3, 1973, S. 154

gelungene Vermittlung der göttlichen und menschlichen Natur darstelle und nur deshalb heilskräftig sei. Die Vorstellung von Christi Abstieg aus dem durch Raum und Zeit unbegrenzten göttlichen in ein menschliches Sein läßt sich also keineswegs als eine dem antiken Weltbild zugehörige, heute nicht mehr brauchbare mythische Schale vom Kern des Evangeliums abstreifen und zum historischen Abfall tun.[7] Der Philipperhymnus, ein uraltes, von Paulus bereits übernommenes christliches Lied, spricht vielmehr klar die göttliche Bewegung aus, ohne die das universalhistorische Sühnopfer gar nicht schlüssig gedacht werden kann: " ... der in göttlicher Gestalt war und es nicht als Raub ansah, Gott gleich zu sein, sondern sich selbst entäußerte und Knechtsgestalt annahm und wie die Menschen wurde; und er wurde dem Aussehen nach als Mensch befunden, erniedrigte sich selbst und wurde gehorsam bis zum Tod, ja bis zum Tod am Kreuz. Darum hat Gott ihn auch erhöht und ihm den Namen gegeben, der über alle Namen ist, damit sich im Namen Jesu jedes Knie im Himmel, auf Erden und unter der Erde beuge und jede Zunge bekenne, daß Jesus Christus der Herr ist zur Ehre Gottes, des Vaters." (Phil 2,6-11) Die Erhöhung oder Auferstehung[8] ist hier also nichts anderes als die Rückkehr des Erlösers aus der menschlichen Entäußerung in die göttliche Heimat — das Siegel auf seine Erlösungstat, durch das ihre Heilswirkung in Kraft tritt. Der jüdische Gott der Verheißung scheint damit zum christlichen Gott der Erfüllung geworden zu sein.

In der These vom Opfertod Jesu zieht sich das Vermittlungsproblem zu einem fest verschlungenen Knoten zusammen. Lautes Bekennen trägt zu seiner Auflösung nichts bei. Hier ist argumentative Schärfe erforderlich. Nur eine präzise Antwort auf die Frage, wie Gottheit und Menschheit vereint seien, könnte auch klarstellen, was gelungene Vermittlung, Erlösung vom Zwiespalt ist. Doch die Tatsache, daß der christliche Opfergedanke stets schon göttliche Präexistenz und Menschwerdung des Erlösers voraussetzen muß, provoziert in erster Linie heikle Fragen. Ein präexistentes Wesen, das Gott völlig gleich ist, läßt

---

7 Das versucht R. Bultmann, Neues Testament und Mythologie, in: H.W. Bartsch Hg., Kerygma und Mythos, Bd. 1, 1960, S. 15 ff.
8 In frühester christlicher Zeit waren beide noch ungeschieden; zum theologischen Sinn ihrer späteren Trennung, vor allem bei Lukas, siehe H. Conzelmann, a.a.O., S. 84

sich entweder überhaupt nicht von ihm unterscheiden oder sprengt den Monotheismus. In beiden Fällen offenbart es den Menschen nicht den einen wahren Gott und bringt ihnen daher auch nicht das Heil. Wie also ist die Göttlichkeit Christi, die der Philipperhymnus wie alle andern frühchristlichen Glaubensbekenntnisse unterstellt, begreiflich zu machen? Indem die christliche Theologie das versucht, tritt sie in ein reflektiertes Verhältnis zu ihren eigenen Grundlagen und begibt sich auf jenen beschwerlichen Weg, an dessen Ende das Dogma von der göttlichen Dreieinigkeit steht. So unübersichtlich dieser Weg in seinen historischen Einzelheiten ist mit all seiner unseligen Verquickung von theologischer Intention und Machtinteresse, Wahrheitsliebe und Intrige, so klar und konsequent haben sich dennoch auf ihm – durch alle historischen Wirrnisse hindurch – die wenigen entscheidenden Gedanken Zug um Zug auseinander entfaltet. Ihren Zusammenhang nachzeichnen heißt die Formulierung der Trinitätslehre als einen einzigen Kampf um das rechte Verständnis von Vermittlung begreifen.

Der Gnostiker Marcion, einer der radikalsten Geister des zweiten Jahrhunderts, hatte das Problem der Göttlichkeit Christi im Gewaltstreich zu lösen versucht: Ein Schöpfer, der die Welt so angelegt hat, daß sie schließlich der Erlösung bedarf, kann kein vollkommener Gott sein. Folglich kann Christus, der Bringer der Vollkommenheit, nicht von ihm abstammen, sondern muß ein edleres, ihm überlegenes Wesen haben. Schöpfer und Erlöser mögen zwar insofern gleich genannt werden, als beiden göttliche Kraft innewohnt. In ihrem Wesen jedoch sind sie einander entgegengesetzt.[9] Dieser Dualismus drohte die Einheit der Welt in zwei einander widersprechende Prinzipien zu zerreißen. Eine derart zerrissene Welt aber ist der Erlösung gar nicht fähig. Wo Götter miteinander im Widerstreit liegen, kann Vermittlung nicht stattfinden. So wurde der Dualismus als Ketzerei verurteilt und mit der Lehre von der göttlichen Monarchie beantwortet: Nur ein einziger, allein herrschender Gott kann für die Einheit der Welt und die Erlösung der Menschheit einstehen. Ganz recht; nur mußte nun das Verhältnis dieses Gottes zu Jesus, dem Christus, auch begrifflich

---

9 vgl. A. v.Harnack, Marcion, 1924, S. 1 ff.

plausibel gemacht werden. Der Monarchianismus entwickelte sich dabei in zwei Versionen. Für die eine war Jesus ein bloßer Mensch, wenn auch mit besonderen Gaben ausgestattet. Nach seiner Geburt aus einer Jungfrau und der Bewährung durch ein frommes Leben stieg bei seiner Taufe im Jordan in Gestalt einer Taube der Geist Gottes auf ihn herab und machte ihn zum Christus. Die himmlische Stimme "Du bist mein lieber Sohn, an dir habe ich Wohlgefallen gefunden" (Mk 1,11) adoptierte Jesus zum Sohn Gottes. Der Adoptionsgedanke soll also die göttliche Monarchie mit der Gottessohnschaft Jesu in Einklang bringen. Doch das Ungenügen des sogenannten *Adoptianismus*[10] liegt auf der Hand: So wenig ein Haustier dadurch Mensch wird, daß man es wie das eigene Kind hält, so wenig wird der von Gott adoptierte Mensch wirklich Gott. Er bleibt, wie sehr er auch alle andern überragen mag, bloßer Mensch und kann als solcher die Menschheit nicht erlösen. Im Adoptianismus sind Gottheit und Menschheit lediglich äußerlich zusammengefügt, nicht innerlich vereint. Von gelungener Vermittlung kann keine Rede sein.[11] Die andere Version des Monarchianismus versuchte denn auch diesem Mangel abzuhelfen. Wenn Gott wirklich Alleinherrscher ist, so das Argument, dann ist Christus nur eine andere Seinsweise des einen Gottes. Folglich stieg Gottvater selbst in den Schoß der Jungfrau herab und nahm durch Geburt die Gestalt des Sohnes an. Er selbst hat also letztlich Leiden und Tod erduldet und die Menschheit erlöst. Diese Lehre, genannt *Patripassianismus*,[12] lief freilich auf das Gegenteil ihrer eigenen Intention hinaus. Wenn der eine ungeschaffene, unwandelbare, ewige Gott zugleich wandelbar, gezeugt und sterblich sein kann, so ist es um seine Einheit geschehen. Hat er sich gar ohne jeden Rückhalt selbst in Leid und Tod begeben, so hat er lediglich sich selbst abgeschafft, nicht aber den Menschen die Erlösung gebracht. Der Ungeheuerlichkeit dieser Konsequenz suchte man sich zwar durch die Formulierung zu entziehen, daß nur

10 Seine Hauptvertreter Theodot von Byzanz und Artemon lehrten Ende des zweiten Jahrhunderts in Rom; vgl. A. v.Harnack, Lehrbuch der Dogmengeschichte, Bd.I, 1964, S.708 ff.
11 In der Ablehnung des Adoptianismus wird noch einmal schlagartig klar, warum das Christentum bei dem jüdischen Gedanken eines Messias, der durch göttliche Erwählung in sein Amt eingesetzt wird, nicht stehenbleiben konnte.
12 Aufgebracht hat sie wohl Noet von Smyrna; verbreitet war sie Ende des zweiten Jahrhunderts vor allem in Rom und Karthago; nach ihrem Schulhaupt Sabellius wird sie auch *Sabellianismus* genannt; vgl. v.Harnack, Dogmengeschichte, Bd. I, a.a.O., S. 734 ff., bes. S. 744 f.

der Sohn, nämlich der Mensch Jesus gelitten habe; der Vater hingegen, in seiner Erscheinungsform als Christus, habe bloß "mitgelitten"[13]. Doch diese Sprachregelung verschleiert nur. Auch Mitleiden ist Leiden und mit der göttlichen Vollkommenheit unvereinbar. Sind Gott und Christus lediglich unterschiedliche Erscheinungen oder gar nur Benennungen ein und desselben, so schüttet Gott bei der Menschwerdung sich selbst aus und versickert in der Menschheit, statt sich mit ihr zu vermitteln.

Die Darstellung der Vermittlung bringt also erhebliche Schwierigkeiten mit sich. Adoptiert Gott einen Menschen, so bleibt er diesem äußerlich; begibt Gott sich selbst in Leid und Tod, so vernichtet er sich; ist er aber reines, in sich verharrendes Sein, so können die Menschen überhaupt nichts von ihm wissen. In allen drei Fällen findet nicht statt, was das Christentum verkündet: die Erlösung. So bleibt nur ein Ausweg: Es muß eine reale Unterscheidung von Vater und Sohn geben, doch ebenso notwendig muß sie in den einen Gott selbst fallen. Folglich muß das göttliche Sein sich von sich selbst unterscheiden und in diesem Unterschied zugleich mit sich identisch bleiben. Das Vermittlungsproblem zwingt das theologische Denken mit eiserner Konsequenz und über die Köpfe der einfältig Gläubigen hinweg auf die schwindelnde Höhe einer spekulativen Gratwanderung.

Wie kann in Gott gleichermaßen Einheit und Differenz sein? Bereits biblische Formulierungen, die Christus als den "erstgeborenen" (Kol 1,15) oder "einziggezeugten" (Joh 1,18) Sohn Gottes bezeichneten, hatten das zu erklären versucht, sind aber selbst höchst erklärungsbedürftig. Eine wirkliche Zeugung oder Geburt wie bei Naturwesen findet in Gott ohnehin nicht statt; denn zum einen ist Gott nicht physische Person, sondern geistige Substanz, zum andern fehlt zunächst einmal die Mutter. Die spielt erst bei der Menschwerdung eine Rolle. Der Hervorgang des Sohnes aus dem Vater muß aber nicht nur vor der Menschwerdung, sondern selbst vor der Schöpfung der Welt stattgefunden haben, denn wäre der Sohn im Schöpfungsprozeß entstanden, so wäre auch er nur Kreatur und nicht imstande, irgend-

---

13 so etwa Praxeas und Calixt, vgl. v.Harnack, a.a.O., S. 747 f.

eine andere Kreatur zu erlösen. Also ist die Erschaffung der Welt von der Zeugung des Sohnes scharf zu unterscheiden.[14] Die Metapher der Zeugung steht für einen rein innergöttlichen Prozeß. Wie ist er zu denken? Bei den Menschen läge der Fall klar: Sie können nichts anderes zeugen als Menschen. Doch wie soll aus Gott in gleicher Weise Gott hervorgehen? Er ist der einzig Ewige, Ungewordene; was ihm entspringt, ist geworden, verdankt sein Sein einem Erzeuger und kann nicht in gleicher Weise göttlich sein wie er. Also muß der Sohn, auch wenn er am göttlichen Wesen Anteil hat und mit dem Vater innig verbunden ist, dennoch in einem Verhältnis der Unterordnung zu ihm stehen. Das ist die These des *Subordinatianismus*, für die zunächst einmal alles spricht; vermag sie doch einen realen Unterschied zwischen Vater und Sohn zu setzen, ohne die Einheit Gottes oder die Göttlichkeit des Sohnes preiszugeben.[15]

Dem Vater untergeordnet, der Welt aber als göttliches Wesen übergeordnet, hat der Sohn nun endlich, wie es scheint, die Mittlerstellung, aus der sein Erlösungswerk einzig zu begreifen ist. Doch der Schein trügt. Solange der Sohn dem Vater untergeordnet ist — und sei es auch nur um einen winzigen Deut — solange ist er ein Mittelwesen: nicht Welt, aber auch nicht ganz Gott — ein *Drittes* also zwischen beiden, und sogleich stellt sich die Frage, wie denn dies Dritte, dieses merkwürdige Neutrum, verfaßt ist. Unversehens kehrt das Problem des dritten Menschen wieder, und zwar mit aller Wucht — nicht mehr als ein philosophisches Problem unter vielen, sondern als der Punkt, auf den alles ankommt, denn was für ideelles und materielles

---

14 Spätestens seit dem Glaubensbekenntnis von Nicäa galt diese Differenz als allgemein verbindliche Sprachregelung; vgl. H. Denzinger, Enchiridion symbolorum definitionum et declarationum, 1965, Nr. 125.

15 Die großen Theologen des dritten Jahrhunderts sind denn auch alle Subordinatianer. So sehr Tertullian hervorhebt, daß Vater und Sohn von gleicher Substanz (unius substantiae) seien, so deutlich ordnet er andrerseits den Sohn als "Ableitung" (derivatio) dem Vater unter (vgl. Tertullian, adversus Praxean 2 u. 7, zit. n. Enchiridion patristicum, 1969, S. 134 f.). Und auch wenn Novatian Vater und Sohn so eng miteinander verbindet, daß er keine zeitliche Differenz zwischen ihnen gelten lassen will — der Vater ist immer Vater, der Sohn immer Sohn —, so erachtet er den Erzeugten doch eindeutig für geringer (minor) als den Erzeuger (vgl. Novatian, De trinitate XXXI, 184 f., 1962, S. 196 ff.). Selbst Origenes, der darauf besteht, daß die Zeugung des Sohnes ein ewiger Vorgang ohne jeden zeitlichen Anfang sein müsse, weil Gott andernfalls nicht von Anfang an vollkommen gewesen wäre, argumentiert subordinatianisch, wenn er den Sohn als den Glanz (splendor) des göttlichen Lichts bezeichnet, den das schwache Auge des menschlichen Geistes eher aushält als die Intensität des Lichts selbst, der daher als Mittler zwischen den Menschen und dem Licht die Menschen allmählich an dessen Helligkeit gewöhnt (vgl. Origines, De principiis, I 2,2 u. I 2,7; 1976, S. 122 ff. u. 136 ff.).

Sein überhaupt gilt, gilt erst recht für Gott und Mensch: Ihre Vermittlung kann nicht in einem Dritten gelingen. Ist der Sohn weniger als der Vater, so ist auch weniger als Gott Mensch geworden. Gott hat sich nicht ganz gegeben; seine Menschwerdung war nicht vollständige Vermittlung von Gottheit und Menschheit; die Erlösung hat also gar nicht stattgefunden. Das ist der Skandal, der im Subordinatianismus steckt, zunächst einige Zeit unbemerkt blieb und in seiner ganzen Bedeutung erst ins Bewußtsein trat, als er in extremer und polemischer Weise formuliert wurde: in der Lehre des Arius. Sie setzt Christus zum Geschöpf herab, das zwar eine besondere Vollkommenheit besitzt, aber keineswegs gleichen Wesens mit dem Schöpfergott ist, von dem es ja abstammt. Göttlich nennt sie den Sohn nur insofern, als er Gott in hohem Maße ähnlich ist; daß er selber Gott sei, bestreitet sie dagegen.[16] Das konnte nicht hingenommen werden, wenn es mit der Erlösung ernst sein sollte; sie verlangt vielmehr, daß auch der Sohn ohne Einschränkung Gott und dem Vater ganz und gar ebenbürtig sei — andernfalls gibt es keine gelungene Vermittlung von Gottheit und Menschheit. So schärfte sich das theologische Bewußtsein für die Notwendigkeit, Gott Vater und Sohn als wesensgleich zu denken. Die Kritik an den Arianern setzte die Erkenntnis frei, daß letztlich jede Form von Subordination den Erlösungsgedanken, in dessen Dienst sie sich wähnt, zunichte macht. Der erbitterte Kampf des Athanasius für die Wesensgleichheit Christi mit Gott mag bisweilen von sehr untheologischen Motiven beflügelt gewesen sein[17] — was sich in ihm letztlich durchsetzt, ist eine unhintergehbare Einsicht: Der Heilsmittler darf um keinen Preis ein dritter Mensch sein; sonst ist es um Vermittlung und Heil sogleich geschehen.

Die Metapher von der Zeugung des Sohnes konnte also nur akzeptiert werden, wenn sie keine Subordination ausdrückte, sondern für einen Vorgang stand, der ins innerste, von Raum und Zeit unberührte Wesen Gottes fällt, wo es kein Nacheinander und Auseinander, sondern nur ewiges Jetzt und Gleich gibt. Wie in diesem Allerheiligsten noch ein realer Unterschied von Vater und Sohn möglich sein sollte, war nun das theolo-

---

16 vgl. v.Harnack, Lehrbuch der Dogmengeschichte, Bd. II, S. 198 ff.
17 vgl. H. v.Campenhausen, Griechische Kirchenväter, 1977, 5.A., S. 72 ff.

gische Hauptproblem. Man half sich damit, Vater und Sohn als unterschiedene "Hypostasen" oder "Personen" zu bezeichnen, die in gleicher Weise am göttlichen Wesen Anteil haben. Das Wesen ist das Allgemeine, die Personen sind die Besonderungen.[18] Vater und Sohn sind also wesensgleich; die Besonderheit des einen ist das Ungezeugtsein, die des andern das Gezeugtsein. Das klingt plausibel; verhält es sich doch bei den Menschen ganz ähnlich. Vater und Sohn sind wesensgleich, denn sie gehören beide gleichermaßen der Menschheit an, und sie sind unterschieden, denn sie sind Individuen, haben also unterschiedliche Merkmale, die dem Wesen hinzukommen: Akzidentien. Doch quod licet bovi, non licet Iovi: In Gott kann es keine Akzidentien geben. Nichts, was er ist, kommt ihm von außen zu; alles ist er aus sich selbst. Nichts Zufälliges hat in ihm Platz. Die göttlichen Personen können also nicht an einem gemeinsamen Wesen teilhaben wie zwei Einzelmenschen an der Menschheit, sondern Gott *ist* sein Wesen, und zwar sowohl als Vater wie als Sohn. Wenn nicht in jedem von beiden die ganze Gottheit wohnt, ist Gott auch nicht ganz Mensch geworden. Wenn Wesensgleichheit bloß besagt, daß Vater und Sohn gleichermaßen weniger als die ganze Gottheit sind, so ist man von der Erlösung noch weiter entfernt als der Subordinatianismus. Die Differenz von Allgemeinem und Besonderem, von Gattung und Individuum ist Gott also unangemessen. Ebensowenig ist es statthaft, sein Wesen als Potential, die Personen als seine Aktualisierung und Konkretion zu fassen, denn das hieße dem göttlichen Wesen eine Unvollkommenheit unterstellen, die sich erst durch das Hinzutreten der Personen aufhebt.

Alle Vergleiche aus der physischen Welt versagen, wenn es um das Gottesinnere geht. Vater und Sohn müssen zwar wesensgleich sein, aber ihr Wesen darf auf keinen Fall ein Drittes sein, das sie nicht selbst schon sind. Wie neben Gott und Mensch, so ist auch neben Vater und Sohn kein zusätzliches, beide vermittelndes Sein zu dulden, denn damit wäre nur wieder der Figur des dritten Menschen Einlaß gewährt, die mit Sirenenge-

---

18 Das ist der neue Gedanke, den die drei großen Kappadozier Basilius von Ancyra, Gregor von Nazianz und Gregor von Nyssa in die Theologie brachten und nach allen Seiten zu entfalten versuchten; vgl. R. Seeberg, Lehrbuch der Dogmengeschichte, Bd. II, 1953, 4.A., S. 125 ff.; siehe auch v.Harnack, Dogmengeschichte, Bd. II, S. 290 ff. Zur Problematik dieses Versuchs siehe das folgende.

sang Wahrheit und Erlösung verheißt und um beide betrügt. Andrerseits kann von Wesensgleichheit nur die Rede sein, wenn es etwas gibt, was diese Gleichheit ausmacht, was weder der Vater noch der Sohn ist und dennoch genauso Gott wie jede der beiden Personen. Dies Etwas ist der bisher absichtlich vernachlässigte Heilige Geist, über dessen Bedeutung im frühen Christentum lange Unklarheit herrschte, der bald als Vater, bald als Christus, bald als ein Mittelwesen zwischen Gott und den Menschen aufgefaßt wurde.[19] Nun, wo es sich als unumgänglich herausgestellt hat, Gott Vater und Sohn als wesensgleich zu denken, kann endlich auch der Heilige Geist klare systematische Bestimmtheit gewinnen: Er ist die "Eintracht" von Vater und Sohn und damit gleichermaßen Gott wie das, was er eint. "Im Vater ist die Einheit, im Sohn die Gleichheit, im Heiligen Geist die Eintracht der Einheit und Gleichheit; und alle drei sind eins wegen des Vaters, gleich wegen des Sohnes, verbunden wegen des Heiligen Geistes."[20] Ohne Unterschied in Gott weder Wissen von Gott noch Menschwerdung Gottes; ohne vollständige Eintracht des Unterschiedenen keine Einheit Gottes, kein Monotheismus. Vater, Sohn und Geist sind also die drei aufeinander bezogenen Momente, deren Zusammenhang die göttliche Substanz erst ausmacht: reine Identität, Unterschied und Einheit des Unterschiedenen.

Der Gedanke der göttlichen Dreieinigkeit ist das Resultat konsequent aufeinanderfolgender Verneinungen. Wenn der Erlösungsanspruch des Christentums zu Recht besteht, dann darf Gott *nicht* in zwei widerstreitende Mächte auseinanderfallen; er darf aber auch *nicht* ausschließlich Vater sein; der Sohn darf *kein* Drittes neben Gott und Welt, der Geist *kein* Drittes neben Vater und Sohn sein. Daran ist nichts zu rütteln; nur — wenn die göttlichen Personen das alles nicht sind, was sind sie dann? Diese Frage stürzt die Theologie in tiefe Verlegenheit. Alle Bestimmungen, mit denen man physische Personen voneinander unterscheidet oder zueinander in Beziehung setzt, sind ihr ver-

19 vgl. v.Harnack, Dogmengeschichte, Bd. II, S. 284 ff.
20 Augustinus, De doctrina christiana, I 5,5; vgl. Bibl. d. Kirchenväter, Bd. 49, 1925, S.18. Wohl ist bereits bei den Kappadoziern der Heilige Geist als eine der drei göttlichen Hypostasen anerkannt und damit ganz in die Gottheit aufgenommen, doch sein Verhältnis zu den andern beiden Hypostasen ist noch dunkel und nicht systematisch durchgearbeitet. Das geschieht faktisch erst bei Augustin, dem es denn auch als erstem gelingt, die Lehre von der göttlichen Dreieinigkeit als theologisches System zu fassen; s.u.

wehrt. Sie muß Gott als Inbegriff des Ideellen, Substantiellen denken, und zwar in allen drei Personen gleichermaßen: ganz in sich ruhend, ganz von sich unterschieden und ganz in diesem Unterschied mit sich eins. Damit aber wäre jede Person ganz Gott und zugleich nur eines seiner drei Momente – und wie soll das zusammenstimmen? Augustin bietet allen Scharfsinn auf, um diesen Widerspruch zu lösen. In Gott "betrifft nicht jede Ausage die Substanz. Es kann nämlich eine Aussage über Gott eine Beziehung betreffen, so die Beziehung des Vaters zum Sohne, des Sohnes zum Vater. Es handelt sich dabei nicht um ein Akzidens, weil der eine immer Vater, der andere immer Sohn ist ... Wenn ... der Vater Vater hieße in bezug auf sich selbst, nicht in bezug auf den Sohn, der Sohn Sohn hieße in bezug auf sich selbst, nicht in bezug auf den Vater, so würden die Aussagen: Der eine ist Vater, der andere Sohn, die Substanz betreffen. Weil der Vater jedoch nur deshalb Vater heißt, weil er einen Sohn hat, und der Sohn nur deshalb Sohn heißt, weil er einen Vater hat, so betreffen diese Aussagen nicht die Substanz ... Wenn daher auch Vater und Sohn verschieden sind, so liegt doch keine Substanzverschiedenheit vor."[21] Die Verschiedenheit der göttlichen Personen ist demnach ausschließlich eine der Relation. Was den Vater zum Vater macht, ist seine Relation zum Sohn und zum Geist; was den Sohn zum Sohn macht, ist seine Relation zum Vater und zum Geist; was den Geist zum Geist macht, ist seine Relation zum Vater und zum Sohn. Die spezifische Differenz der Personen gegeneinander ist ihre Relation zueinander, d.h. sie *stehen* nicht nur in gegenseitiger Relation, sondern sie *sind* nichts als drei aufeinander gerichtete Relationen. Ihr Sein ist ihr Relationsein. Es gibt nichts, *woran* die einzelne Relation haftet, und dasjenige, worauf sie sich richtet, sind auch wieder bloß Relationen, die an nichts haften und sich auf Relationen richten. In diesem Zirkel zieht sich die Differenz von göttlicher Substanz und Relation zu unheiliger Identität zusammen. Das ewige Subsistieren Gottes in sich entpuppt sich als immerwährendes, reines dreifaltiges Sichbeziehen auf Sichbeziehendes, als ewige Relation von nichts zu nichts. Das Absolute ist das Leere.

---

[21] Augustinus, De trinitate, V 5,6; zit. n.d.dt. Übers. Bibl. der Kirchenväter, 2. Reihe, Bd. 13, 1935, S. 193

Es ist, als habe der Gottseibeiuns den Gang der christlichen Theologie gelenkt. Um ihren Erlösungsanspruch einsichtig zu machen, sucht sie begrifflich zu fassen und schlüssig darzulegen, was gelungene Vermittlung sei. Nach und nach erkennt sie, daß beide Seiten, die göttliche wie die menschliche, dabei ganz erhalten und ganz verbunden sein müssen, vor allem aber, daß die Vermittlung auf gar keinen Fall als ein eigenes Sein neben den Vermittelten gedacht werden darf. Daher das kompromißlose Beharren auf der Wesensgleichheit von Vater und Sohn und, daraus folgend, schließlich auf der Wesensgleichheit von Vater, Sohn und Geist. Jahrhundertelange Anstrengung hat es gekostet, diese Einsichten aus der geistigen Diffusion herauszuarbeiten und als verbindliche Lehre zu fixieren, und nun, wo man den Schritt ans Ziel zu tun wähnt, indem man das Innere der göttlichen Substanz zu erhellen wagt, soll sich zeigen, daß Gott die absolute dreifaltige Vermittlung von nichts mit nichts ist? Dieser Schritt brächte die Theologie nicht ans Ziel, sondern schlagartig ans Ende, und so weigert sie sich, ihn zu vollziehen. Augustin beharrt auf der Unterscheidung von Relation und Substanz in Gott und sucht sie, um ihre Scheinhaftigkeit nicht zugestehen zu müssen, auf besondere Weise unangreifbar zu machen: "Wenn man jedoch fragt, was diese drei sind, dann wird die große Armut offenbar, an welcher die menschliche Sprache leidet. Immerhin hat man die Formel geprägt: Drei Personen, nicht um damit den wahren Sachverhalt auszudrücken, sondern um nicht schweigen zu müssen."[22] Die begriffliche Bestimmung der Trinität wird zur Metapher entschärft, die man nicht so ganz beim Wort nehmen muß, weil sie dem wahren Sachverhalt nicht angemessen ist und leider hinkt wie so mancher Vergleich. Doch die Entschärfung ist nur Schein, denn wie soll man die Unangemessenheit oder Angemessenheit einer Metapher feststellen, wenn dasjenige, wofür sie steht, unbekannt ist? Also ist das Metaphorische faktisch doch nicht das Metaphorische, sondern das Verbindliche, das man sehr wohl beim Wort zu nehmen und so und nicht anders zu glauben hat, auch wenn es sich nicht einsichtig machen läßt. Hier ist der Punkt erreicht, an dem selbst Augustin, der entschiedenste Rationalist

---

22 Augustinus, De trinitate V 9,10, a.a.O., S. 201

unter den Kirchenvätern, nicht mehr anders kann als der Vernunft den Abschied zu geben. Es darf einfach nicht sein, daß Gott, der Gegenstand des Glaubens, im Licht der Vernunft zerschmilzt statt erstrahlt. Um ihrer Selbsterhaltung willen stellt sich die Theologie unter Denkverbot. Lieber ein unbegründeter Glaube an die unaussprechliche Fülle des Absoluten als die begründete Einsicht in eine absolute Leere.

Die Trinitätslehre, so große geistige Anstrengungen sie auch erfordert, ist in gewisser Hinsicht nur Vorarbeit. Sie sucht begreiflich zu machen, wie Gott in sich verfaßt sein muß, damit er Mensch werden kann. Die Menschwerdung selbst, das Zentrum des Evangeliums, ist damit aber noch nicht begrifflich geklärt. Solange unklar war, welchen Status der Sohn innerhalb der Gottheit hat, war auch nicht auszumachen, wie seine Menschwerdung zu denken sei. Nun aber, da es beschlossene Sache war, daß in Christus die ganze Gottheit wohnt, konnte man sich nicht mehr darum drücken, exakt darzulegen, wie Gottheit und Menschheit in einer Person vermittelt sind. Zu den trinitarischen Streitigkeiten treten die christologischen hinzu. Unnötig zu betonen, daß auch in ihnen die Vermittlung das beherrschende Thema ist.

Der Erlösungsgedanke verlangt, daß weder die Gottheit in der Menschheit noch die Menschheit in der Gottheit verschwindet. Wenn aber jede von beiden in ihrer Eigenart erhalten bleibt, wie können sie dann beide zu dem einen Jesus Christus zusammenstimmen? Ein Subjekt, worin zwei unterschiedene Substanzen ihr jeweiliges Eigenleben führen, wäre schizophren, kein Erlöser. Auf die Einheit der Person des Mittlers kommt also alles an. Apollinaris von Laodicea versuchte als erster, sie begrifflich zu fixieren. Wenn in Christus die ganze Gottheit erschienen und wirklich auf Erden gewandelt ist, so kann in dieser einen Person unmöglich auch noch die vollständige menschliche Natur Platz gefunden haben, denn sonst enthielte sie nebeneinander eine anzubetende und eine nicht anzubetende Natur und zerfiele in zwei Söhne: den wahren anbetungswürdigen Gottessohn und den von Maria geborenen Menschen.[23] Die Inkarnation ist also ganz wörtlich zu nehmen. Christus hat von

---

23 vgl. das Bekenntnis des Apollinaris an Jovian, v.Harnack, Bd.II, S. 325 f.

der menschlichen Natur nur das belebte Fleisch angenommen;[24] an die Stelle des menschlichen Intellekts hingegen ist der göttliche Geist getreten. Er ist es, der die Person des Mittlers zur Einheit zusammenschließt. Auf diese Weise ist der Erlöser zwar ganz Gott, aber nicht ganz Mensch. So ist er das Dritte neben beiden, in das ihre Vermittlung fällt. Die faszinierende Denkfigur des dritten Menschen hält auch Einzug in die Christologie. Und ein weiteres Mal betrügt sie um das, was sie verheißt. Denn gerade das Vernunftvermögen ist das Spezifische der menschlichen Natur. Der freie Wille, dessen Übereinstimmung mit Gott als das Paradies und dessen Aufbegehren gegen Gott als die Wurzel aller Sünde gedacht wurde, hat seinen Sitz nirgends anders als im Intellekt. Tiere können nicht sündigen. Hat also Christus nicht eine Vernunftseele angenommen und sie vollständig mit seiner Gottheit vermittelt, so hat er das Wesentliche der menschlichen Natur unerlöst gelassen. Die Verurteilung des Apollinaris konnte folglich nicht ausbleiben.[25] In ihr setzt sich ein weiteres Mal die Einsicht durch, daß der Heilsmittler nicht als dritter Mensch gedacht werden darf. Wie aber dann? Nun galt es, genauestens Rechenschaft darüber abzulegen, wie einer, der ganz Gott ist, ganz Mensch werden kann, und dies knifflige Unternehmen führte den spekulativen Eros geradewegs zum allerheiligsten Uterus der Mutter Jesu. In ihm muß sich bereits entschieden haben, wie Gottheit und Menschheit vermittelt sind. Daß dieser Schoß direkt aus Gott befruchtet worden und bei der Empfängnis wie bei der Geburt Jesu jungfräulich geblieben sei, war unerachtet aller anatomischen Gesichtspunkte schon lange einmütige Überzeugung; denn wer durch natürliche Zeugung in den mit Sünde geschlagenen Gattungsprozeß verwickelt ist, kann die Gattung nicht von der Sünde erlösen. Nun aber wollte man es ganz genau wissen: Hat Maria nur die menschliche Natur Christi geboren, oder mit ihr zugleich auch die göttliche? Gilt ersteres, so ist die göttliche Natur zum Fötus *hinzugetreten* und hat sich erst im Mutterleib mit der menschlichen Natur verbunden. So enthält der gebenedeite Schoß zwar zwei deutlich voneinander unterschiedene

---

24 So die Auffassung des Apollinaris seit der Synode von Alexandrien im Jahre 362. Anfangs hatte er vom Leib Christi nur die leblose Materie der menschlichen Natur zugerechnet; vgl. v.Harnack, Bd. II, S. 326
25 Synode zu Rom 382; vgl. Denzinger, a.a.O., Nr. 159, S. 68

und in ihrer Eigenart erhaltene Naturen. So sehr man aber ihre Zusammengehörigkeit auch beteuert – ihre Vereinigung fällt in Raum und Zeit. Sie ist *Resultat* – ein zu beiden Naturen Hinzugekommenes also, nicht etwas, was ihnen an sich schon innewohnt.[26] Folglich hat auch die Person des Erlösers ihre Einheit nicht in und aus sich selbst, sondern empfängt sie erst – was einen noch über dem Erlöser stehenden Einheitsstifter erfordert, auf den die Vermittlung von göttlicher und menschlicher Natur zurückgeht: abermals einen dritten Menschen. Einen solchen neben oder gar über sich läßt der christliche Gott freilich nicht zu; daher darf die Einheit des Erlösers keinesfalls als Resultat gedacht werden, und es bleibt nur die andere Lösung der Streitfrage: Maria muß mit der menschlichen Natur Christi zugleich auch die göttliche geboren haben. Beide Naturen müssen bereits *als geeinte* in Raum und Zeit eingetreten sein, wenn die Einheit des Erlösers vollkommen sein soll.[27] Doch der Versuch, das zu denken und der Lockung jedes dritten Menschen eisern zu widerstehen, bringt eine andere, auch schon bekannte Schwierigkeit mit sich. Was die göttliche Natur an sich ist, ist sie im Unterschied zur menschlichen Natur – und umgekehrt. Nun aber soll das, was den Wesensunterschied zwischen beiden ausmacht, zugleich das beiden Gemeinsame sein: Zum Ansich der göttlichen Natur soll die Einheit mit der menschlichen, zum Ansich der menschlichen die Einheit mit der göttlichen gehören. Zwischen beiden soll also eine sogenannte *communicatio idiomatum*, d.h. wechselseitige Mitteilung der Eigenarten stattfinden, weil es ein und dieselbe ungespaltene Person ist, der sie zukommen, so daß in Christus die göttliche Natur selbst sichtbar und tastbar geworden ist, Gott selbst Schwäche, Bedürftigkeit und Nichtwissen angenommen hat, wie umgekehrt die menschliche Natur selbst göttlich geworden

---

26 Das ist der wunde Punkt in der Lehre des Nestorius von Konstantinopel, auf den sein Gegenspieler Cyrill von Alexandrien, allen Intrigen zum Trotz, mit sachlichem Recht den Finger gelegt hat; vgl. v.a. Satz 1 u. 3 der 12 Sätze gegen Nestorius, Denzinger, a.a.O., Nr. 252 ff., S. 93 ff. Ferner aufschlußreich Seeberg, a.a.O., S. 214 ff., der um eine emphatische Ehrenrettung des Nestorius bemüht ist, dabei aber gerade die anstößigen Formulierungen hervorhebt, v.a. S. 216.

27 Das ist, durch alle terminologischen Unschärfen und politischen Machenschaften hindurch, die berechtigte Kritik Cyrills an Nestorius und der Sinn des zunächst absurd erscheinenden Streits, ob Maria besser Gottesgebärerin oder nur Christusgebärerin zu nennen sei; vgl. Denzinger, a.a.O., Nr. 252 ff., S. 93 ff.

ist.²⁸ Das Sein der göttlichen Natur ist, sich in die menschliche, das Sein der menschlichen, sich in die göttliche zu verflüchtigen. Jeder substantielle Unterschied zwischen beiden Naturen fällt dahin; was bleibt, ist einzig noch ihr Übergehen, ihr Verschwinden ineinander. So ist ihr Sein bloßes Vermitteltsein: Vermittlung von nichts mit nichts. Kein Argument kann diese Konsequenz mehr abwenden, sondern nur noch ein rigides Denkverbot, das dem Übergang der Naturen ineinander eine willkürliche Grenze setzt und einfach behauptet, die wechselseitige Mitteilung der Eigenarten lasse dennoch jede Natur für sich bestehen, vor allem bleibe die Leidensunfähigkeit Gottes davon ausgenommen.²⁹ Eine Begründung hierfür ist nicht mehr möglich. An ihre Stelle tritt das kirchliche Machtwort: "Unvermischt, unverwandelt, ungetrennt und ungesondert" sollen die zwei Naturen Christi sein; so lautet der salomonische Beschluß des Konzils zu Chalcedon.³⁰ Wohl hat jede dieser vier Verneinungen ihr Recht für sich: Die beiden Naturen dürfen tatsächlich weder vermischt noch wandelbar noch getrennt oder gesondert sein, *wenn* Christus der Erlöser sein soll. Aber die vier Negationen ergeben zusammen noch längst nicht das Positive, das sie ausdrücken wollen: *daß* in Christus die Vermittlung von Gottheit und Menschheit bereits gelungen sei. Nichts Geringeres als diesen Sachverhalt beanspruchen sie begrifflich zu fixieren, und diesem Anspruch würden sie erst gerecht, wenn sie selbst sich zu einer widerspruchsfreien Einheit zusammenfügen ließen — ein Unternehmen, dem, wie sich gezeigt hat, ebenso viel Erfolg beschieden ist wie der Quadratur des Kreises.³¹

---

28 vgl. Cyrill, Adv. Nestorium 3,3; in: Enchiridion patristicum, a.a.O., S. 670; ders., Thesaurus de sancta et consubstantiali Trinitate, 22, a.a.O., S. 648 f.; Seeberg, a.a.O., S. 232 f.
29 vgl. Cyrill, ep 4, in: Seeberg, a.a.O., S. 232
30 vgl. Denzinger, a.a.O., Nr. 302, S. 108
31 Dennoch hat das Bedürfnis nach begrifflicher Klarheit zu immer neuen Wendungen geführt, das Unmögliche doch noch zu schaffen; daher die anhaltenden christologischen Streitigkeiten bis ins 6. und 7. Jahrhundert; vgl. Denzinger, Nr. 421 ff., S. 145 ff. u. Nr. 550 ff., S. 184 ff. Besonders erwähnenswert ist Boethius' Versuch, mit Mitteln der aristotelischen Metaphysik die Person Christi als Einheit zweier Naturen schlüssig zu denken. Das konnte ihm nicht glücken, wie M. Lutz-Bachmann in seiner Studie " 'Natur' und 'Person' in den 'Opuscula Sacra' des A.M.S. Boethius" zeigt (Theologie und Philosophie 58, 1983, S. 48-70). Aristoteles' Bemühung, körperliche Wesen statt als bloßen Abglanz allgemeiner Ideen als konkrete Einheiten von Allgemeinem und Einzelnem zu bestimmen, dehnt Boethius auf unkörperliche aus. Er faßt "Person" als das individuelle Sein einer vernunftbegabten Natur: "Naturae rationabilis individua substantia" (zit.n. Lutz-Bachmann, a.a.O., S. 54). Auf diese Weise ist nun zwar die göttliche Natur ebenso als Person denkbar wie die menschliche, aber nicht, was doch gerade dargetan werden soll:

Offensichtlich ist die Christologie mit dem gleichen Fluch geschlagen wie die Trinitätslehre. Wie diese wird sie zunehmend resistenter gegen die Denkfigur des dritten Menschen — und gerät dafür in den Sog einer absoluten Vermittlung, der sie nichts als den Machtspruch des Dogmas entgegenzusetzen hat.

Der Fluch, der auf der christlichen Theologie lastet, ist nahezu so alt wie das Christentum selbst. An dessen Anfang steht ein Ärgernis: Der als auferstanden Gepriesene war nicht etwa durch einen dummen Zufall oder einen Justizirrtum umgekommen; seine Hinrichtung war vielmehr die legale Quittung für sein Auftreten und seine Botschaft. Das ganze Selbstbewußtsein der Juden hing am mosaischen Gesetz, dem einzigen Unterpfand dafür, daß Jahwe doch noch zu seinem gepeinigten Volk stehe und die ihm gegebenen Verheißungen einlösen werde. Durch die Römerherrschaft war nun der Fortbestand dieses Gesetzes aufs Äußerste bedroht, und es kostete alle Kraft, dennoch unbeirrt an ihm festzuhalten. Viele brachten diese Kraft nicht mehr auf und machten bereits — versteckt oder offen — gemeinsame Sache mit der Fremdherrschaft. Um so angespannter beharrten die Frommen auf dem Gesetz und suchten seine Forderungen bis ins Kleinste zu erfüllen. Und ausgerechnet dabei fiel ihnen einer der Ihren in den Rücken, dem das Gesetz nicht etwa zu viel, sondern zu wenig war, einer, der den Zwiespalt deutlich werden ließ, den jedes Gesetz enthält: Es lebt von seiner Übertretung, die es aus der Welt schaffen will. Gesetze gibt es nur, weil es das gibt, was sie verbieten: Mord, Diebstahl, Betrug etc. Sie verlangen strikte Befolgung — und sind gegenstandslos, sobald sie tatsächlich restlos erfüllt werden. Solange sie aber gelten, haben sie teil an der Gewalt gegen Menschen und Dinge, der sie Einhalt gebieten, und tragen selbst den Makel des als unheilig inkriminierten Weltzustands, so sehr

eine Person, die göttliche *und* menschliche Natur in sich vereinigt. Einer solchen kommt das Begriffspaar Allgemeines-Einzelnes nicht bei, denn seine Welt ist die irdische von Form und Stoff, in der Personen nur vorkommen, sofern sie sich zu *einer* Natur fügen: der menschlichen. Zwar ist das "Unvermischt und ungetrennt" von göttlicher und menschlicher Natur analog zur Einheit von Ideellem und Materiellem gedacht, dennoch sprengt es deren Kategorien: Mit Stoff und Form, Substanz und Akzidens, Individuum und Gattung läßt sich die singuläre Person Christi nicht begreifen. Daß das Verschwinden zweier Naturen ineinander das Bestehen dieser Person ausmacht, ist ein Gedanke, der mit der Metaphysik bricht, die er krönen soll. Gerade dadurch aber wird deutlich: In konsequenter Christologie waltet kein prinzipiell anderer Personbegriff als in konsequenter Trinitätslehre. In beiden ist Christus absolute Relation, nur in verschiedener Hinsicht: hier bezogen auf Vater und Geist, dort auf göttliche und menschliche Natur.

sie auch Heiligkeit beanspruchen mögen. Das hat Jesus von Nazareth schonungslos zum Ausdruck gebracht. Die Menschen sind unerlöst, solange Gesetzesgewalt sie zusammenhält — und sei es auch die des jüdischen. Erlösung wäre erst, wo aller Zwang und alles Elend von den Individuen abfiele, wo ihr Bewußtsein mit ihrer inneren und äußeren Natur vollständig ausgesöhnt wäre. *Das* wäre die gelungene Vermittlung von Geist und Natur, wie sie in der nachexilischen Prophetie bereits anklingt: "Denn siehe, ich schaffe einen neuen Himmel und eine neue Erde; man wird der früheren Dinge nicht mehr gedenken, und niemand wird sich mehr ihrer erinnern, sondern man wird frohlocken und jubeln auf ewig über das, was ich schaffe." (Jes 65, 17 f.) Der Gedanke der neuen Schöpfung kristallisierte sich nun allmählich zu einem maßgeblichen Fluchtpunkt jüdischer Hoffnung, verband sich in der apokalyptischen Literatur mit verschiedenen Vorstellungen von einer Auferstehung der Toten zu Gericht und neuem Leben, führte aber mit dem mosaischen Gesetz friedliche Koexistenz. Erst die Drastik, mit der Jesus ihn veranschaulichte, brachte an den Tag, daß das Gesetz nicht die Erlösung zu bringen vermöchte, sondern selbst ihrer bedürftig sei.[32] Wer derart das Heiligste, was die Juden hatten, der Unheiligkeit überführt, kann der Vergeltung gewiß sein. Das Gesetz läßt ihn die Gewalt spüren, die er zuvor als das Ungöttliche am Gesetz entlarvt hat. In der Ablehnung und Verurteilung Jesu waren sich alle jüdischen Fraktionen einig; hier waren sie sogar bereit, mit der römischen Besatzungsmacht zusammenzuarbeiten.[33] So starb der Verurteilte den schmählichsten Tod. Er hatte das strikteste Tabu angetastet, war Gotteslästerer und

---

32 Bei der unsicheren Quellenlage wird sich nie mit Sicherheit klären lassen, ob die Durchbrechung des Gesetzes Jesu persönliche Absicht war. Wahrscheinlich nicht; die Stellen des Neuen Testaments, die von seiner Sendung "zu den verlorenen Schafen des Hauses Israel" (Mt 15,24) handeln, zeigen ihn — im Gegensatz zum späteren christlichen Interesse — ganz als Juden, der sich nur ausnahmsweise mit Heiden abgibt und ein die ganze Menschheit umfassendes Bewußtsein noch vermissen läßt. So mag Ben-Chorin historisch recht haben, wenn er an Jesus keine andere Intention als die einer radikalen Interpretation des Gesetzes erkennen kann (vgl. Sch. Ben-Chorin, Bruder Jesus, 1977). Doch Intention und Resultat sind zweierlei; und nur um des Resultats willen wurde Jesus verurteilt und hingerichtet — von Leuten, die sich um seine Intentionen nicht scherten, aber begriffen: Diese Radikalisierung des Gesetzes geht zu weit; sie verneint seine Absolutheit. So war denn auch der bedeutendste Verfechter des frühen Christentums zunächst sein entschiedener Gegner, der die subjektive Intention Jesu nicht kannte und vielleicht gerade deshalb die objektive Quintessenz seines historischen Wirkens als "Ende des Gesetzes" (Röm 10,4) zu formulieren vermochte: Paulus.
33 vgl. J. Moltmann, Der gekreuzigte Gott, 1972, S. 136 ff.

Aufrührer in einem. Und ein solches Subjekt wurde nun als Gottessohn verkündet, das Schändlichste mit dem Göttlichen zusammengeschlossen. Das war nicht nur für die Außenstehenden ein Skandal, sondern für die Christen selbst — und zwar einer, den sie nicht aushielten. Auch der Osterenthusiasmus vermochte dem schmachvollen Lebensende Jesu seinen unerträglichen Stachel nicht zu nehmen. Interpretierte man es aber als einen Tod "für unsere Sünden", dann war auf einmal aus dem Skandal das Heilsereignis, aus dem Sinnlosen die Sinnstiftung geworden, und das Aufbegehren Jesu gegen das jüdische Gesetz und seinen göttlichen Urheber ließ sich in einen willfährigen Opfergang im Auftrag eben jenes Gottes verwandeln.[34]

Das Opfer, in welcher Religion und Form es auch vorkommt, drückt stets ein magisches Verhältnis der Menschen zur Wirklichkeit aus. Die Vielfalt der Sinnenwelt, in der sie sich vorfinden und zurechtfinden müssen, ist ihnen um so bedrohlicher, je rätselhafter und chaotischer sie ihnen erscheint. Und so versuchten sie schon früh, hinter der bunten und verwirrenden Mannigfaltigkeit etwas zu entdecken, was ihr Struktur und Zusammenhalt gibt: geheime Naturkräfte, Geister, Götter. Auch wenn diese Mächte undurchschaubar waren und den Menschen weit überlegen, so mußten sie doch etwas der Struktur des menschlichen Intellekts Verwandtes sein; denn nur wenn sie irgendwie geistartig verfaßt waren, konnte man hoffen, daß sie mit sich reden lassen. Der einzelne Stein, Baum, Hirsch oder Blitzschlag hat absolut kein Verständnis für die menschlichen Wünsche und Zwecke. Nur ein Geistiges könnte sich ihnen öffnen und ihnen vielleicht sogar willfahren. Die Bereitschaft dazu versucht das Opfer zu erzeugen. Es ist der Tribut, den man den geistartigen Mächten entrichtet, damit ihre Übermacht das in der Natur wie ein Spielball umhergeworfene menschliche Leben nicht vertilgt. Man bringt ihnen einzelne Naturdinge zum Verzehr dar, seien es Pflanzen, Tiere oder gar Menschen, damit die Gesamtheit dafür verschont werde und billig davonkomme. Es findet also ein Tausch statt, bei dem die Menschen, wenn sie gerissen sind, allerlei für sich herausschlagen können. Letztlich

---

[34] Diese Umbiegung geschah sehr früh; Paulus fand sie bereits vor. Sie ist die Hypothek, die seine Theologie von Anfang an belastet und ihre innere Brüchigkeit ausmacht; vgl. C. Türcke, Zum ideologiekritischen Potential der Theologie, 1979, S. 68 ff., bes. S. 80 ff.

aber sitzen sie am kürzeren Hebel. Um sich gegen die göttlichen Mächte zu behaupten, müssen sie sich ihnen unterwerfen. Um ihre eigenen Zwecke durchzusetzen, müssen sie deren Nichtigkeit gegenüber den göttlichen Zwecken bekunden. Die geistartigen, göttlichen Mächte sind das Substantielle, die Wirklichkeit Tragende und Bestimmende, die einzelnen Menschen dagegen das Zufällige, Nichtige. Daseinsberechtigung hat das Individuelle nur, sofern es sich dem Substantiellen unterwirft. Das ist die Botschaft des Opfers. Es stellt den Einklang der Individuen mit dem Substantiellen her, indem ein Einzelnes geschlachtet oder verbrannt wird. Es zelebriert die Versöhnung von Göttlichem und Menschlichem, Substanz und Akzidens mit Messer und Feuer. Die Vermittlung, die das Opfer vollzieht, denunziert sich selbst als Gewaltakt gegen das Einzelne.

Im Opferritus ist nun — wie dunkel und verworren auch immer — bereits jenes spezifische Wirklichkeitsverständnis vorgebildet, das später den sogenannten philosophischen Idealismus ausmacht. Das aufgeklärte Bewußtsein eines Platon hat wohl den mythischen Spuk von Geistern, Dämonen und Göttern zu den klaren, rationalen Ideen geläutert, doch das Verhältnis von Allgemeinem und Besonderem hat sich dadurch nicht wesentlich geändert. Hier die Welt der in sich ruhenden Ideen, in der alles Sein, alle Realität versammelt ist; dort die sinnliche Welt der Einzeldinge, die gar kein eigenes Sein hat, sondern nur ist, sofern sie an den Ideen teilhat. Das Einzelne ist das Nichtige.[35] Die Menschen können mit den Ideen nur übereinkommen, indem sie sich von ihren trügerischen und unbeständigen Sinnen und Gefühlen so weit wie möglich losmachen. Zur Erkenntnis der Wahrheit gelangen sie nur, sofern sie sich selbst als Sinnenwesen aufopfern, weshalb das Philosophieren schon im Leben ein ständiges Sterben ist.[36] Hier ist also ein äußeres Ritual gar nicht mehr vonnöten; das Opfer wird den Ideen im Erkenntnisprozeß dargebracht — so sehr, daß sich die Erkenntnis dabei schließlich selbst opfert: Wenn die völlige Übereinstimmung von Erkenntnis und Ideen erreicht ist,

---

[35] Daß Aristoteles darin mit Platon übereinstimmt und das Einzelne eher noch geringer geschätzt hat als sein Meister, beweist K.H. Haag, Philosophischer Idealismus, 1967, bes. S. 9 f.
[36] vgl. Platon, Phaidon, 64 a ff.; s.o. Kap. 2

ist kein reales Subjekt mehr da, das erkennt.[37] Was für die Platoniker die Ideenwelt, ist für die Juden das Gesetz. In ihm ist der substantielle, in sich fest bleibende göttliche Wille aufbewahrt, der das erwählte Volk durch den unheilvollen Wechsel der Zeit trägt und ihm in aller Trübsal Halt gibt. Freilich ist der Bund, den Jahwe mit Israel am Sinai schloß und mit dem Gesetz besiegelte, unvollkommen, solange die Menschen die Gebote nicht vollständig erfüllen. Erst wenn sie alle eigenen Wünsche und Gedanken dem Gehorsam gegen das Allgemeine aufopfern, ist angeblich der Bundesschluß perfekt und die Zeit für die Ankunft des Messias reif. Verlangt wird weniger ein kultisches als ein moralisches Opfer. Es erbringen heißt eine Fülle von genau vorgeschriebenen Ritualen bis in jedes Detail befolgen. Und auch hier wird offenkundig, wie wenig das Opfer die gelungene Vermittlung von Allgemeinem und Besonderem ist, die es für sich beansprucht: Der Bundesschluß am Sinai fände seine Vollendung in einer Summe von Zwangshandlungen.[38]

Es scheint, als nehme das Christentum das Opfermotiv nur zum Schein auf, stelle es in Wirklichkeit aber auf den Kopf. Dafür spricht zunächst der äußere Befund: Im Tod Jesu bringen nicht Menschen ihrem Gott ein Opfer dar, um ihn durch ein Tauschangebot günstig zu stimmen, sondern Gott selbst, der niemanden beschwichtigen und mit niemanden tauschen muß, vollzieht es (Röm 3,24). Es handelt sich ferner nicht um ein kultisches Ritual, das man ständig wiederholen müßte, um seine sühnende Kraft zu erneuern, sondern um ein einmaliges historisches Ereignis, an dessen Heilswirkung teilhat, wer es sich erinnernd vergegenwärtigt. Die Historisierung des Opfers scheint den magischen Bann zu brechen. Das immer gleiche Naturverhängnis, das die Menschen stets von neuem zur Unterwerfung unter die Macht des Allgemeinen zwingt, ist durch ein geschichtliches Heilsereignis aufgerissen, an dem erkennbar wird, daß Geschichte nicht Verhängnis sein muß, sondern zu dem Prozeß werden kann, der aus dem Verhängnis herausführt.

37 s.o. Kap. 2
38 vgl. S. Freud, Zwangshandlungen und Religionsübungen, Studienausgabe Bd. VII, 1973, S. 13 ff. Erst viel später hat die jüdische Mystik dieses Problem erkannt und gefolgert, daß die Tora nur für das Zeitalter der Sünde gelte, im messianischen Zeitalter aber eine neue Tora in Kraft treten werde, wie man ja auch nur den Kranken Medizin gebe, den Genesenden aber andere Speise; vgl. G. Scholem, Die Krise der Tradition im jüdischen Messianismus, a.a.O., S. 158 ff.

Doch diese geschichtsphilosophische Reflexion kommt nicht zum Zuge. Indem das Verhängnis aufreißt, ist es auch schon wieder geklebt: Der Kern des Opfermotivs, die gewaltsame Unterwerfung des Einzelnen unters Allgemeine, wird von der Historisierung nicht angetastet. Dagegen vergewaltigt umgekehrt der Opfergedanke die reale Geschichte Jesu, die gerade eine einzige demonstrative Weigerung darstellt, die Beugung der Individuen unter das Gesetz als deren Erlösung anzuerkennen. Diese von der Naherwartung beflügelte Weigerung macht das Einzigartige im Auftreten Jesu aus; wenn irgendwo, dann wurde in ihr die Versöhnung Ereignis – aber nur als gedachte und symbolisch proklamierte, nicht als praktisch realisierte. Im Gegenteil: Nichts ist unversöhnlicher mit der unversöhnten Welt als der Versöhnungsgedanke, und nichts bestätigt das deutlicher als die Kreuzigung Jesu. Seine Gegner haben den Sinn der Gleichnisse und der Bergpredigt ausgezeichnet verstanden und angemessen darauf reagiert. Der radikal gefaßte Erlösungsgedanke verhält sich zur gesetzlich geregelten Welt wie das Feuer zum Wasser; also mußten die Hüter des Gesetzes danach trachten, ihn auszulöschen. Der Tod am Kreuz ist das Gegenteil der gelungenen Vermittlung: Manifestation ihrer gewaltsamen Verhinderung.[39] Die Verhinderung für das Gelingen auszugeben – das ist die ebenso verzweifelte wie unverfrorene Tat des christlichen Opfergedankens: der Sündenfall der christlichen Theologie. Indem sie den Kreuzestod Jesu als die Erlösungstat "für unsere Sünden" preist, wiederholt sie die Gewalt, die der historischen Person angetan wurde, noch einmal theoretisch und macht auf diese Weise zugleich anschaulich, was philosophischer Idealismus ist: die Anerkennung der Beugung des Einzelnen unter das Allgemeine als Wahrheit schlechthin. So ist der Sündenfall der Theologie zugleich der Auftakt zu einem bedeutenden innerphilosophischen Fortschritt, denn was Platon und Aristoteles noch verborgen war, tritt nun ins Bewußtsein: die Schlüsselrolle des Opferbegriffs für das Vermittlungsproblem. Wer den Grund kennt für die Vermittlung von Ideellem und Materiellem, Geist und Natur, dem ist das Mysterium der Welt offenbar,

---

[39] ausführlicher hierzu vgl. Türcke, a.a.O., S. 120 ff.

und der frühchristliche Enthusiasmus wähnt sich kurz vor dem Ziel. Er gibt vor, in dem einmaligen Opfer Jesu Christi sei bereits positiv zur Erscheinung gekommen, was Vermittlung sei. Doch die bloß geglaubte Vermittlung muß nun auch begreiflich gemacht werden, wenn sie wahr sein soll, und dabei, einem Unternehmen von höchster intellektueller Redlichkeit, wird die Theologie von dem Fluch ereilt, den sie sich durch den Sündenfall ihrer intellektuellen Unredlichkeit zugezogen hat. Wie eine Fata Morgana tanzt die Vermittlung vor ihr her, und wann immer sie sie begrifflich zu fassen versucht, greift sie ins Leere. Wohl wird ihr klar, daß die Vermittlung kein Drittes neben den Vermittelten sein darf, wenn Wahrheit und Erlösung nicht schlagartig dahin sein sollen — eine Einsicht, die gar nicht hoch genug veranschlagt werden kann und dokumentiert, daß die Streitigkeiten der alten Kirche nicht um des Kaisers Bart, sondern ums Ganze gingen. Doch wenn die Vermittlung kein Drittes ist, bleibt nur eine Konsequenz: Gott selbst muß ihr Subjekt sein. Ist das aber erst zugestanden, so ist kein Halten mehr; jeder noch so angestrengte Versuch, das schlechthin Substantielle zugleich als das Vermittelnde darzustellen, führt unweigerlich zur Auflösung der absoluten Substanz in absolute Vermittlung. Das beweist der Gang der Trinitätslehre ebenso wie der der Christologie. Was in beiden sich abzeichnet, ist nichts Geringeres als der selbstzerstörerische Gang des Idealismus selbst. Nicht etwa ein Denkfehler, sondern gedankliche Konsequenz treibt ihn auf den Abgrund der absoluten Vermittlung zu. Nur gewaltsam kann die Kirche ihn noch bändigen, indem sie ihn an die Kette des Dogmas legt. So wird er zur scheinbar zahmen Magd der Theologie — und harrt der Zeit, da er endlich losgelassen werde und die ganze Menschheit heimsuche.

Unter den Kirchenvätern ist vielleicht nur einer dem Fluch des Idealismus ein Stück weit entronnen: Augustin. So heftig er das Machtwort des Trinitätsdogmas verteidigt, so sehr er die göttliche Dreifaltigkeit und Menschwerdung als das Unbegreifliche zu glauben verlangt[40] — so sehr verlangt es ihn andrerseits,

---

40 Augustinus, De trinitate XV 2,2; vgl. Bibl.d. Kirchenväter, 2. Reihe, Bd. 14, 1936, S. 251

das, was er glaubt, auch zu begreifen. Daß der eine Gott aus drei unterschiedenen, aber wesensgleichen Personen bestehe, daß jede der drei die ganze Gottheit enthalte, daß der Unterschied zwischen ihnen folglich nur einer der Relation, nicht der Substanz sei — alles das will er nicht einfach nur hinnehmen, sondern sich, soweit es geht, plausibel machen. Und so hält er Ausschau, ob die geheimnisvolle göttliche Dreifaltigkeit nicht irgendwelche Spuren in der Welt hinterlassen hat, die dem menschlichen Verstand besser zugänglich sind und ihn wenigstens erahnen lassen, was vollständig zu erfassen ihm verwehrt bleibt. Es sieht ganz so aus, als begebe sich Augustin auf eine Art didaktischen Exkurs — nämlich auf die Suche nach anschaulichen, leicht begreiflichen Beispielen für eine unanschauliche, höchst schwierige Sache. Den Weg weist ihm die biblische Schöpfungsgeschichte. "Und Gott schuf den Menschen zu seinem Bilde." (Gen 1,27) Das nimmt Augustin wörtlich. Wenn es das Vernunftvermögen ist, das die Menschen von allen andern Lebewesen unterscheidet und sie zur Krone der Schöpfung macht, so kann auch nur darin ihre Gottesebenbildlichkeit zu finden sein. Der menschliche Geist muß also so etwas wie ein Abbild der göttlichen Dreifaltigkeit enthalten.

Der Geist ist die Instanz, die die Menschen in ein besonderes Verhältnis zur Natur setzt. Die Fähigkeit, ihre Lebensbedingungen selbst zu produzieren, verdanken sie dem Bewußtsein, das Zwecke hervorzubringen vermag, die sich in der Natur nicht schon vorfinden. Weil die meisten dieser Zwecke aber nicht Hirngespinste bleiben, sondern in einem geregelten System gegenständlicher Tätigkeit praktisch werden und keineswegs von der Natur abprallen, muß es eine Analogie zwischen Geist und Natur geben, die ermöglicht, daß beide übereinstimmen. Der Geist ist also das den Menschen Wesentliche, worin sie die Natur erfassen und wodurch sie sie sich aneignen. Doch damit nicht genug — und hier erst wird es für Augustin interessant:[41] Auch die Sinne sind ja auf die Natur gerichtet, und weder Menschen noch Tiere können sich ohne sie zurechtfinden. Eines

---

[41] Die Analogie von Geist und Natur nimmt er einfach als gottgegeben hin. Es fällt ihm gar nicht ein, sie aus dem materiellen Produktionsprozeß herzuleiten, weil es die nominalistische Kritik noch nicht gab, die heute dazu nötigt.

aber fehlt ihnen: "Denn nicht ist es beim Geiste wie beim Auge des Leibes, das andere Augen sieht und sich nicht sieht ... Durch die Augen des Leibes sehen wir nämlich Körperhaftes, weil wir die Strahlen, die durch die Augen herausleuchten, und alles, was wir sehen, berühren, nicht auf sie selbst zurückbiegen und zurückdrehen können, es sei denn, wir schauten in einen Spiegel ... Aber was immer es mit der Kraft, die unsere Augen sehen läßt, für eine Bewandtnis hat, diese Kraft selbst, möge sie nun in Strahlen oder etwas anderem bestehen, können wir sicher mit den Augen nicht sehen, sondern wir suchen sie mit dem Geiste, und wenn das sein kann, begreifen wir sie auch mit dem Geiste. Wie also der Geist selbst durch die Sinne des Leibes die Kenntnis der körperhaften Dinge gewinnt, so gewinnt er die der unkörperlichen durch sich selbst. Also kennt er auch sich selbst durch sich selbst, da er ja unkörperlich ist."[42] Der Menschengeist vermag, was keinem Stoff, keiner Pflanze, keinem Tier vergönnt ist: sich auf sich selbst zu beziehen. Indem er das tut, widerfährt ihm etwas sehr Merkwürdiges: Er findet sich gleichermaßen als Subjekt wie als Objekt des Denkens vor. Nicht, daß Subjekt und Objekt dabei ineinander aufgingen — dann hätte Selbstreflexion keinen Gegenstand mehr —, wohl aber fallen beide in ein und dasselbe Subjekt und sind darin so innig verbunden, daß sie ohne einander nicht sein können. Am sich selbst begreifenden Intellekt erkennt Augustin drei wesentliche Momente: den Geist selbst, seine Erkenntnis und die Liebe, die beide zur Einheit zusammenschließt, wobei unter Liebe kein dem Geist äußerlicher Trieb verstanden wird, sondern der vernünftige Wille, der dem Intellekt genauso angehört wie das, was er vereinigt: "Was ... heißt sich lieben anderes, als sich gegenwärtig sein wollen, um sich zu genießen?"[43] "Also sind der Geist und seine Liebe und seine Kenntnis eine Art Dreiheit, und diese drei sind eins ..."[44]

Und nun folgt Augustins Glanzstück in der trinitarischen Spurensicherung: der Nachweis, daß die Dreifaltigkeit des menschlichen Selbstbewußtseins nichts anderm in der Welt gleicht. Erkenntnis und Liebe verhalten sich zum Geist nicht

---

42 Augustinus, De trinitate, IX 3,3; zit. n. Bibl.d. Kirchenväter, a.a.O., Bd. 14, S. 47 f.
43 a.a.O., IX 2,2; S. 45 f.
44 a.a.O., IX 4,4; S. 48

so, "als ob sie an einem Träger hafteten wie etwa die Farbe oder die Gestalt am Körper oder irgendeine andere Qualität oder Quantität. Was nämlich derart ist, reicht nicht über den Träger hinaus, in dem es ist. Es kann ja nicht diese Farbe oder die Gestalt dieses Körpers Farbe oder Gestalt eines anderen Körpers sein. Der Geist aber kann durch die Liebe, mit der er sich liebt, auch etwas anderes außer sich lieben. Ebenso erkennt der Geist nicht nur sich, sondern auch vieles andere. Deshalb sind Liebe und Erkenntnis im Geist nicht wie in einem Träger, sondern sie sind genauso substantiell wie der Geist selbst. Auch wenn sie nämlich in bezug aufeinander relativ genannt werden, so sind sie dennoch – jedes einzeln in sich – Substanz."[45] Wie ist das zu denken? Wie bei Freunden, die jeder für sich Menschen, d.h. etwas Substantielles sind, und dennoch als Freunde zugleich in Relation zueinander stehen? Gerade nicht, denn im Selbstbewußtsein "können doch der Liebende und die Liebe, der Wissende und das Wissen, nicht voneinander getrennt sein, so wie zwei befreundete Menschen voneinander getrennt sein können ... Wenn jedoch die Liebe, durch die der Geist sich liebt, zu bestehen aufhört, dann hört zugleich auch der Geist auf, ein liebender zu sein. Ebenso ist es, wenn die Kenntnis, durch die sich der Geist kennt, zu sein aufhört: da hört zugleich der Geist auf, ein erkennender zu sein."[46] Nicht einmal der menschliche Körper ist so eins mit sich wie die drei Momente des Selbstbewußtseins; Kopf und Rumpf "können durch Abschneiden voneinander getrennt werden; jene können nicht voneinander getrennt werden."[47] Selbst wenn man annimmt, daß es unteilbare Körper gibt, "so bestehen sie doch aus Teilen; sonst wären sie keine Körper ... Ist also etwa der Geist das Ganze und sind die Liebe, durch die er sich liebt, und die Kenntnis, durch die er sich kennt, gleichsam die Teile, so daß das Ganze aus diesen zwei Teilen bestünde? Oder sind es drei gleiche Teile, durch welche dieses einheitliche Ganze zustande kommt? Indes kein Teil umfaßt das Ganze, dessen Teil er ist. Wenn aber der Geist sich in seiner Ganzheit erkennt, ... dann umfaßt seine Kenntnis das Ganze des Geistes. Und wenn er

---

45 De trinitate, IX 4,5; eig. Üb., vgl. a.a.O., S. 49
46 a.a.O., IX 4,6; S. 50
47 ebd.

sich vollkommen liebt, dann liebt er sich ganz, und seine Liebe umfaßt das Ganze des Geistes. Muß man etwa deshalb annehmen, daß, wie aus Wein, Wasser und Honig ein Trank wird und die einzelnen Elemente über das Ganze hin sich erstrecken und doch drei sind ... daß in ähnlicher Weise Geist, Liebe und Kenntnis ein solches Gebilde sind? Indes Wasser, Wein und Honig sind nicht von einer Substanz, wenngleich aus ihrer Mischung die eine Substanz des Trankes geworden ist."[48] Vermischt man aber Dinge gleicher Substanz, etwa drei aus dem gleichen Gold gemachte Ringe, "so daß die einzelnen Ringe eine unterschiedslose Masse bilden, so geht die Dreiheit verloren und wird in keiner Weise mehr bestehen ..."[49] Wie man es auch dreht und wendet — nirgends in der ganzen Natur findet sich eine Struktur, wie sie dem menschlichen Selbstbewußtsein eignet; nur "in jenen drei, da der Geist sich kennt und liebt, bleibt die Dreieinigkeit von Geist, Liebe und Kenntnis und wird durch keine Vermischung durcheinandergebracht, obgleich die einzelnen sowohl in sich selbst sind als auch wechselseitig ganz ineinander ..."[50] Denn keines der drei läßt sich in die andern beiden auflösen, und dennoch ist die Kenntnis und die Liebe des Geistes nichts anderes als dessen ureigene Substanz, weil er selbst es ist, der sich erkennt und liebt und nur als ganzer Kenntnis von sich und Liebe zu sich haben kann. "Auf wunderbare Weise sind daher diese drei untrennbar voneinander, und dennoch ist jedes einzelne von ihnen Substanz, und alle zusammen sind sie eine Substanz oder ein Wesen, während sie untereinander in wechselseitiger Relation stehen."[51] Kein Zweifel: Das gesuchte Bild der göttlichen Trinität ist das menschliche Selbstbewußtsein. Wie immer es um den Intellekt des einzelnen Menschen auch bestellt sein mag — sobald er sich auf sich selbst richtet, entspringt ihm unweigerlich jene eigentümliche Dreiheit: Er ist, weiß, daß er ist und will wissend sein, d.h. liebt sich als seiend und wissend. Das gilt selbst dann noch, wenn er nichts anderes tut als zweifeln: "Denn wer zweifelt, lebt; wer zweifelt, erinnert sich, woran er zweifelt; wer zweifelt,

---

48 a.a.O., IX 4,7; S. 51
49 a.a.O., IX 4,7; S. 52
50 a.a.O., IX 5,8; eig. Üb., vgl. S. 52
51 a.a.O., IX 5,8; eig. Üb., vgl. S. 53

begreift, daß er zweifelt; wer zweifelt, will sicher sein; wer zweifelt, denkt; wer zweifelt, weiß, daß er nicht weiß; wer zweifelt, urteilt, daß er nicht unbesonnen zustimmen darf. Wer also alles andere bezweifelt — an all dem darf er nicht zweifeln ..."[52] Nach Augustin trägt also sogar der Ungläubige, der an Gott zweifelt, das Bild der göttlichen Dreieinigkeit in sich.[53] In der Selbstreflexion tritt der menschliche Intellekt in eine gottähnliche Sphäre ein, denn im Zusammenwirken seiner drei Momente ist er nicht durch Äußeres, sondern durch sich selbst bestimmt. Doch das Vermögen zur Selbstbestimmung bürgt noch nicht dafür, daß der Intellekt auch wirklich seiner selbst mächtig wird. Das ist erst der Fall, wenn Denken und Gedachtes nicht nur durch den Willen zusammengeschlossen werden, sondern auch inhaltlich übereinstimmen. Das Beispiel des Ungläubigen aber zeigt, daß der Geist, auch wenn er sich auf sich selbst bezieht, dennoch ein falsches Bewußtsein von sich haben kann. In diesem Fall ist die Verbindung von Geist, Erkenntnis und Liebe nur der Form nach innig, der Sache nach widerstreitet sich der Geist, statt sich selbst zu bestimmen, und streicht seine eigene Gottähnlichkeit faktisch durch. So schlagend also seine Analogie zur göttlichen Trinität, so deutlich ist auch die Differenz: Gott Vater, Sohn und Geist sind ewiges, in sich und ineinander ruhendes Sein; die Einheit des menschlichen Selbstbewußtseins ist historisches Resultat — mühselig zu erringen und leicht zu verlieren oder zu verfehlen, denn als konkrete Naturwesen finden sich die Menschen unter höchst ungöttlichen Bedingungen vor, in die sie stets schon verstrickt sind, ehe sie den ersten kindlichen Gedanken fassen. Welche Kräfte sie dennoch befähigen, sich Schritt für Schritt in die Sphäre der Gottähnlichkeit emporzuarbeiten, und wie Geist und Natur dabei vermittelt sind — das ist der Inhalt der Erkenntnislehre Augustins.

Zunächst einmal sind die Menschen auf die sinnliche Wahrnehmung verwiesen: "Wenn wir also einen Körper sehen, lassen

---

52 a.a.O., X 10,14; eig. Üb., vgl. S. 87. Der methodische Zweifel als der Weg zur Selbstgewißheit, der als große Errungenschaft Descartes' und als Beginn der neuzeitlichen Philosophie gilt, ist also bereits integraler Bestandteil der Lehre Augustins, der die so gewonnene Selbstgewißheit freilich vorab als etwas aus dem Sein Gottes Abgeleitetes ansieht, während Descartes sie umgekehrt zum Fundament allen Denkens erklärt und die Existenz Gottes aus ihr herzuleiten versucht; vgl. Descartes, Meditationen, Phil.Bibl. Meiner 250a, S. 30 ff.
53 vgl. De trinitate XIV 4,6; S. 214 f.

sich ... drei Dinge erkennen und unterscheiden. Erstens die Sache, die wir sehen, ... die durchaus da sein konnte, bevor sie gesehen wurde; zweitens die Schau (visio), die nicht da war, bevor wir jene Sache mit dem Sinn wahrnahmen; drittens dasjenige, was auf der ... Sache, solange sie gesehen wird, den Gesichtssinn festhält, nämlich die Aufmerksamkeit der Seele (intentio animi). Zwischen diesen dreien nun besteht offensichtlich nicht nur ein Unterschied, sondern auch Naturverschiedenheit." Die Schau ist nichts anderes "als der durch die wahrgenommene Sache geformte Sinn. Obwohl, wenn man die sichtbare Sache wegnimmt, keine Schau mehr stattfindet, ... so ist dennoch der Körper, durch den der Gesichtssinn geformt wird, ... keinesfalls von derselben Substanz wie die Form, die von ihm dem Sinn eingedrückt wird ... Die Schau, d.h. der von außen geformte Sinn, gehört zur Natur des Lebewesens, die etwas ganz anderes ist als der Körper, den wir sehend wahrnehmen, durch den der Sinn nicht so geformt wird, daß er Sinn ist, sondern so, daß er Schau ist. Wenn nämlich der Sinn nicht schon vor der wahrnehmbaren Sache in uns wäre, dann würden wir uns nicht von den Blinden unterscheiden, solange wir nichts sehen, sei es, weil es finster ist, sei es, weil dem Licht der Zutritt versperrt ist ... Ferner ist jene Aufmerksamkeit des Geistes, welche den Sinn an der geschauten Sache festhält und beide miteinander verbindet, durch ihre Natur nicht nur von der sichtbaren Sache verschieden – sie ist nämlich Geist, jene Körper – sondern auch vom Sinn und von der Schau; denn diese Aufmerksamkeit gehört allein der Seele an."[54] Die Dreiheit, die Augustin hier entdeckt, gilt ihm zwar nicht als Bild der göttlichen Trinität – dazu sind Körper, Sinn und Geist zu verschieden – wohl aber als deren Spur (vestigium trinitatis). Nur durch das Zusammenwirken dieser drei kommt die menschliche Wahrnehmung zustande – als ein Vorgang, der ebenso passiv wie aktiv ist. Abgeschnitten von allen äußeren Dingen sind die Sinne wie tot. Wer sich die Augen verbindet und die Ohren verstopft, ist wie blind und taub. Insofern "formen" die Dinge den Sinn durch ihre Einwirkung auf ihn, d.h. sie überführen ihn von bloßer Möglichkeit in wirkliche Wahrnehmung.

---

54 a.a.O., XI 2,2; eig. Üb., vgl. S. 95 ff.

Doch daß die äußere Realität im Innern des Menschen nicht nur diffuse Empfindungen, sondern einen strukturierten sinnlichen Eindruck, eine "Form" hervorruft, dafür sorgt die sogenannte Aufmerksamkeit der Seele — jenes Willensmoment, das selbst nicht sinnlich ist, ohne das aber die Sinne auf nichts konzentriert werden könnten. So ist beim Menschen schon in der Wahrnehmung der Geist tätig und tritt nicht etwa erst nachträglich zu ihr hinzu. Und nur deshalb vermag sie umgekehrt im Geist Spuren zu hinterlassen. Denn wenn der Gegenstand aus den Augen verschwindet oder sein Geräusch aus dem Ohr, dann hört schlagartig auch seine Wahrnehmung auf. Und doch bleibt etwas von ihr zurück: die Erinnerung an sie, d.h. die Vorstellung (phantasia), die nun nicht wie die Wahrnehmung an die Gegenwart der äußeren Dinge gefesselt ist. Vorstellen kann man sich auch Abwesendes. Dazu bedarf es allerdings zweier weiterer geistiger Fähigkeiten, die in der Wahrnehmung noch nicht zum Zuge kamen: Gedächtnis (memoria) und geistige Sehkraft (acies animi) oder Begriffsvermögen (intelligentia). "An die Stelle jener körperlichen Gestalt, die draußen wahrgenommen wurde, tritt vielmehr das Gedächtnis, das jene Gestalt, welche die Seele durch den Leibessinn in sich hineintrinkt, aufbewahrt; und an die Stelle jener Schau, die sich nach außen richtete, als der Sinn vom sinnfälligen Körper geformt wurde, tritt eine ähnliche nach innen gerichtete Schau, da von dem, was das Gedächtnis festhält, die Sehkraft der Seele geformt wird, und abwesende Körper gedacht werden; und der Wille selbst wendet ... die Sehkraft der ... Seele dem Gedächtnis zu ..." "Und so entsteht eine Dreiheit aus Gedächtnis, innerer Schau und dem Willen, der beide eint."[55] Bei diesen dreien herrscht keine Substanzverschiedenheit mehr wie bei der Wahrnehmung; gehören sie doch alle gleichermaßen dem Intellekt an. So sind sie der göttlichen Trinität eindeutig ähnlicher. Weniger eindeutig ist dagegen ihr Zusammenwirken bestimmt, auffällig die tastende, metaphorische Darstellungsweise Augustins. Das Gedächtnis etwa umschreibt er als ein großes "Gefäß" mit "geheimen, unergründlichen tiefen Winkeln" oder als ein weites Gewölbe, "wo Schätze aufgehäuft sind ungezähl-

---

55 a.a.O., XI 3,6; S. 104

ter Bilder, die meine Sinne von den Dingen mir zusammentrugen. Dort auch ruht alles aufbewahrt, was wir nur denken, da wir, was unsre Sinne aufgenommen, mehren, mindern oder sonstwie ändern ..."[56] Eine systematische Bestimmung der Gedächtnisstruktur hingegen unterbleibt. Nur eines wird deutlich: Sie ist offenbar mit der Fähigkeit ausgestattet, die Gestalt der äußeren Dinge, die in der Wahrnehmung den Sinnen eingedrückt wird, so in sich aufzunehmen, daß sie den sinnlichen Eindruck in eine geistige Form gibt und darin konserviert. Diese Verwandlung ist, wie Augustin betont, nicht möglich ohne die Beteiligung des Willens, der "zuerst die Gestalt des Körpers mit der (verbindet), die im körperlichen Sinn entsteht, und diese wiederum mit der, die daraus im Gedächtnis wird, und diese drittens mit der, die daraus in der Schau des Denkenden hervorgebracht wird."[57] Der Übergang des sinnlichen Eindrucks ins Gedächtnis wird also von der "Schau des Denkenden" noch unterschieden. Erst bei letzterer wird die "geistige Sehkraft" aktuell, deren Struktur Augustin allerdings ebensowenig systematisch entfaltet wie die des Gedächtnisses. Mit Sicherheit jedoch muß sie so verfaßt sein, daß in ihr alles, was im Gedächtnis ruht, aufbereitet, differenziert und umgeformt werden kann. Insofern ist es mißverständlich, wenn es heißt, die Sehkraft der Seele werde durch das Gedächtnis "geformt", denn wenn sie die Inhalte des Gedächtnisses in sich aufzunehmen vermag, so kann sie selbst nicht formlos sein. Gemeint ist natürlich etwas anderes: Die Formen des Intellekts liegen nicht vorgefertigt und auf Abruf in der Seele bereit, sondern sie entfalten sich erst in der geistigen Aneignung und Bearbeitung der Inhalte, auf die sie sich beziehen. Abgelöst davon sind sie wie die physische Sehkraft bei verbundenen Augen: eine bloße Möglichkeit, die nicht in die Wirklichkeit tritt.[58] Ebenso ist das Gedächtnis solange bloße Möglichkeit, wie man sich nicht wirklich erinnert. Daß es Gedächtnis überhaupt gibt, weiß man nur, weil seine Inhalte sich aktualisieren lassen. Die geistige Sehkraft, intelligentia, ist diese Aktualisierung. Durch sie wird nicht nur

---

56 Augustinus, Confessiones, X 8,12; zit. n. d. Übers. v. H. Hefele, 1921, S. 188 f.
57 De trinitate, XI 9,16; eig. Üb., vgl. S. 121
58 vgl. a.a.O., XI 7,11; S. 114. Die Übereinstimmung mit Aristoteles in diesem Punkt ist schlagend. "Der Geist ist der Wirklichkeit nach, bevor er denkt, nichts von den Dingen." (De anima, 430 a, eine Schrift, die Augustin offenbar nicht kannte.)

die Vorstellung real, sondern auch der Begriff, den Augustin metaphorisch als inneres Wort bezeichnet, "das wir innerlich sprechend hervorbringen, und das nicht, indem es erzeugt wird, von uns weicht"[59], im Gegensatz zur wirklichen Sprache, in der wir "dem Wort, das innen bleibt, den Dienst der Stimme oder irgendeines anderen körperlichen Zeichens gewähren, damit durch einen sinnlich wahrnehmbaren Hinweis so etwas im Geist des Hörenden entsteht, wie es aus dem Geist des Sprechenden nicht weicht."[60] Der innere Begriff ist es, der das gesprochene oder geschriebene Wort zum bedeutungsvollen Zeichen macht; ohne ihn ist es toter Buchstabe oder leerer Schall. Doch weiter geht Augustin nicht. Daß die Sprache ja stets schon über die einzelnen Worte hinaus ist und Sätze bildet, daß folglich mit der Sprache Begriff, Urteil, Schluß und somit die Gesamtheit der logischen Formen zur Debatte steht — das alles kommt nicht weiter zur Ausführung, und zwar nicht einfach aus Unwissenheit,[61] sondern durchaus mit Bedacht. Vorstellung, Begriff und Urteil haben zunächst dies gemeinsam, daß sie Denken sind, das sich auf die sinnliche Welt bezieht. Wem es aber wesentlich ist, dies Denken in allen Formen und Nuancen zu analysieren, dem, so folgert Augustin, ist offenbar auch die empirische Welt, auf die es sich richtet, wesentlich. Er sieht in ihr die letzte Wahrheit und erachtet sie für den höchsten Zweck, oder umgekehrt: Er verhält sich zu letzter Wahrheit und höchstem Zweck wie zu einem Sinnending.[62] Das aber ist Sünde schlechthin — das Sich-Wegwerfen[63] der Menschen an die vorfindliche materielle Welt, über die sie als Bild Gottes gerade hinausragen. Nicht, daß die "Kenntnis der zeitlichen und wandelbaren Dinge", die Augustin Wissenschaft (scientia) nennt, an sich schon Sünde wäre; sie wird vielmehr ausdrücklich gutgeheißen als "für die tätige Bewältigung dieses Lebens notwendig"[64]. Wer jedoch dabei stehenbleibt, erhebt mit dem Wissen von den empirischen Dingen auch die physische Selbst-

---

59 De trinitate, IX 7,12; eig. Üb., vgl. S. 57
60 ebd.
61 Augustin hat die Kategorienschrift des Aristoteles gekannt und, wie er ausdrücklich hervorhebt, im Unterschied zu vielen seiner Studiengenossen auch verstanden; vgl. Confessiones, IV 16,28; S. 66 f.
62 Confessiones, IV 16,29; S. 67
63 De trinitate, XI 3,6; S. 103
64 De trinitate, XII 12,17; eig. Üb., vgl. S. 144

erhaltung, der es dient, zum Selbstzweck und reduziert sein menschliches Dasein auf das, was es mit dem tierischen gemeinsam hat. Die Sünde ist das Vertieren der Menschen, oder auf philosophisch: der Empirismus.

Um keinen Preis darf sich der menschliche Geist also in den Sinnendingen verlieren; er muß zu sich selbst zurückkehren. Und erst in dieser Rückkehr, der Reflexion in sich, wo Gedächtnis, Begriffsvermögen und Wille ganz ineinandergreifen und sich wechselseitig umfassen, wo der Wille erinnert und gewußt, das Wissen erinnert und gewollt und das Gedächtnis gewollt und gewußt wird, wird der Intellekt zum Bild der göttlichen Dreieinigkeit. Und nun, wo er die Fülle seiner eigenen Vorstellungen und Gedanken zum Gegenstand hat, kann er sie zu einem geordneten, widerspruchsfreien Ganzen zusammenfügen und sich zur Übereinstimmung mit sich selbst bringen. In dieser Tätigkeit ist der Geist nichts Fremdem unterworfen; sie ist Selbstbestimmung, jenes Tun, worin die Menschen gottähnlich sind – und sich dennoch als ungöttlich erkennen müssen. Die göttliche Dreieinigkeit ruht ewig und unverlierbar in sich – die des menschlichen Selbstbewußtseins muß mühsam errungen werden und kann jederzeit wieder verloren gehen. Die göttliche ist absolut – die menschliche ist von vornherein relativ auf die Natur, über die sie sich zwar hinausgearbeitet hat, an die sie aber gebunden bleibt, solange die Menschen physische Wesen sind. Der göttliche Geist vermag alles über sich selbst und über die ganze Natur – der menschliche wird in der Selbstreflexion wohl seiner selbst mächtig, nicht aber gleichermaßen der Natur, an die er ebenso gefesselt ist, wie er über sie hinausragt. Das zeigt jeder Versuch, vollkommen sittlich zu handeln. Das mit sich einige Selbstbewußtsein verlangt Tugend; doch wer sich der Klugheit, Tapferkeit, Besonnenheit und Gerechtigkeit befleißigt,[65] bestätigt nur die Existenz des Übels, das Tugend notwendig macht. "Sie beansprucht den Vorrang unter allen menschlichen Gütern und kann doch hienieden nichts weiter tun, als ohne Aufhören mit den Lastern kämpfen."[66] Tugend ist wohl die würdige Selbstbehauptung des Geistes gegen die Natur.

---

65 das sind die vier klassischen platonischen Tugenden, vgl. Platon, Politeia, 427 d ff., a.a.O., S. 154 ff.
66 Augustinus, De civitate Dei, XIX 4; zit. n. d. Übers. v. W. Thimme, Vom Gottesstaat, Bd. 2, 1955, S. 535

"... durch sie wird das elende Leben so gelenkt, daß es zu jenem ewigen gelangt, welches wahrhaft glückselig ist."[67] Doch Tugend selbst ist noch Kampf, nicht Gelingen, Ausdruck des Widerstreits, nicht des Friedens. Das Selbstbewußtsein hat nicht die Kraft, seine Übereinstimmung mit sich in eine Übereinstimmung mit der Natur zu überführen. Seine Gottähnlichkeit kann nicht direkt praktisch werden — das macht seine Ungöttlichkeit aus, noch auf dem höchsten Stand von Erkenntnis und Sittlichkeit. Dessen innewerden heißt für Augustin Gott die Ehre geben, auf ihn als den letzten Grund und Zweck alles Wissen und Streben ausrichten. Nur so kann der menschliche Geist ganz mit sich eins sein. "Denn wenn er sich weniger liebt als ihm zusteht, wenn sich also beispielsweise der Geist des Menschen so liebt, wie der Leib des Menschen zu lieben ist, obwohl er doch mehr ist als der Leib, sündigt er, und seine Selbstliebe ist unvollkommen. Ebenso wenn er sich mehr liebt als ihm zusteht, wenn er sich etwa so liebt, wie Gott zu lieben ist, obwohl er unvergleichlich geringer ist als Gott, sündigt er durch ein Zuviel und hat ebenfalls keine vollkommene Selbstliebe."[68] Stimmt er aber ganz mit sich überein, so stimmt er auch ganz mit Gott überein. Aus dem Reich der Wissenschaft in sich zurückgekehrt, erhebt er sich zur "Weisheit": "der Kontemplation des Ewigen"[69].

Mit seinen demütig-erbaulichen Wendungen unterschlägt der große Kirchenvater freilich, daß das menschliche Selbstbewußtsein trotz all seiner Ungöttlichkeit der göttlichen Trinität etwas Entscheidendes voraus hat: An keiner Stelle muß seine Darstellung durch ein Denkverbot eingegrenzt werden; nirgends droht seine Dreieinigkeit in den Abgrund absoluter Relativität abzustürzen wie die göttliche. Die drei Momente des Selbstbewußtseins — Sein, Wissen, Liebe, oder wie Augustin nun nach genauerer Analyse der intellektuellen Kräfte formuliert: Gedächtnis, Wissen, Wille — stehen wohl zueinander im Verhältnis der Relation, lösen sich aber nicht in absolute Relativität auf. Der menschliche Geist, obwohl in jedem der drei ganz enthalten, *ist* nicht drei Relationen, sondern er ist zunächst einmal

---

67 De trinitate, XII 14,21; eig. Üb., vgl. S. 149
68 De trinitate, IX 4,4; eig. Üb., vgl. S. 48
69 De trinitate, XII 14,22; vgl. S. 149

an sich etwas im Unterschied zu den Relationen, in denen er *steht*. Dies Ansich, die geistige Substanz, ist auf nichts anderes reduzierbar. Sie hat ein Sein eigener Art, das sich aus keiner Naturgegebenheit herleiten läßt — und doch an Natur gebunden ist. Die Natur kann auch ohne den menschlichen Geist sein, der Geist aber nicht ohne die Natur. Er schwebt nicht frei und leer umher, sondern ist an physische Wesen geknüpft und mit Vorstellungen und Begriffen erfüllt, die allesamt Vorstellungen und Begriffe von nichts wären, richteten sie sich nicht auf die wirkliche Sinnenwelt. Der Geist bedarf der Übereinstimmung mit ihr, und gerade dieser seiner Bedürftigkeit wegen ist er etwas Ansichseiendes: Sein Inhalt ist nur dann in sich fundiert, wenn er ein Fundament in der Wirklichkeit hat; andernfalls ist er Hirngespinst. So verdankt er es ausgerechnet seiner Ungöttlichkeit, daß er einerseits Substanz ist, die andrerseits in Relationen steht — zur Welt und zu sich selbst. Im göttlichen Geist hingegen, der nur als absolut gedacht werden kann, müssen auch die Relationen absolut gedacht werden, und schon sind die Relationen unversehens selbst das Absolute, Substanz und Relation lassen sich argumentativ nicht mehr auseinanderhalten. Was daraus folgt, wenn das Dogma nicht gewaltsam Einhalt gebietet, wurde gezeigt: Der Gedanke Gottes, der die alles Irdische unendlich überragende Fülle absoluter Substantialität zum Ausdruck bringen sollte, verdunstet zum Gedanken der absoluten Leere — zum leeren Gedanken.

Nicht so das menschliche Bewußtsein. In ihm kommen jeweils drei Momente zusammen, von denen sich keines aufs andere reduzieren läßt — und zwar gilt das durchgängig von der Wahrnehmung bis hinauf zum Selbstbewußtsein. Die Wahrnehmung kommt nur zustande, wenn zum äußeren Gegenstand und den Sinnen, auf die er wirkt, auch noch ein rein Geistiges hinzutritt und beide verbunden hält: die Aufmerksamkeit der Seele, die die diffuse sinnliche Empfindung allererst zu einem strukturierten Eindruck macht.[70] So ist bereits das Wahrneh-

---

[70] Ob die Sinne dabei ihrerseits den Intellekt irgendwie zu seiner Tätigkeit anregen, oder ob er sich ganz von selbst einschaltet, erörtert Augustin nicht; er mißt lediglich dem Geist ein höheres Sein zu als dem Körper und stellt daher fest, daß "das Bild des Körpers nicht der Körper im Geist, sondern der Geist in sich selbst bewirkt" (Augustinus, De Genesi ad litt. I 2,4; vgl. E. Gilson, Der heilige Augustin, Eine Einführung in seine Lehre, 1930, S. 157 f.).

mungsbild eine erste Stufe der Vergeistigung der sinnlichen Dinge — was freilich nur möglich ist, weil die äußeren Körper etwas an sich haben, was sich vergeistigen läßt: eine bestimmte Struktur oder Form (forma, species). Und das Wahrnehmungsbild läßt sich daher ebenfalls vergeistigen — in die Erinnerung ans Wahrgenommene, die sich in der Vorstellung aktualisiert. Und die Vorstellung wiederum läßt sich in rein begriffliches Denken überführen — in die Sphäre, wo der Geist sich von allem Sinnlichen, das in der Vorstellung noch mitschwingt, gelöst hat. Der menschliche Erkenntnisprozeß ist ein Vergeistigungsprozeß, der bei den materiellen Dingen seinen Ausgang nimmt und sich Schritt für Schritt entsinnlicht. Das mutet auf den ersten Blick vielleicht platonisch an; galt den Platonikern doch die Abkehr von der Sinnenwelt und die Hinwendung zu den Ideen als der Inbegriff philosophischen Lebens.[71] Und doch ist die Differenz zur Erkenntnislehre Platons mehr als deutlich: Keine Rede bei Augustin von Begriffen, die fertig in der Seele ruhen und nur noch geweckt werden müssen.[72] Das Gedächtnis des erwachsenen Menschen, so unermeßliche Schätze seine "Hallen" und "Winkel" auch enthalten mögen, hat in einem langwierigen Bildungsprozeß erst einmal gefüllt werden müssen mit dem Reichtum, den die Sinnenwelt ihm darbot. Keine Vorstellung, kein Gedanke, den der Intellekt sich nicht selbst angeeignet, d.h. durch Vergeistigung gewonnen hätte. Und woher nimmt er die Kraft dafür? Aus dem Willen, wie es scheint. Ohne den Willen des wirklichen physischen Menschen gäbe es kein einziges geistiges Gebilde. Er ist es, der körperlichen Gegenstand und Sinne im Wahrnehmungsakt zusammenhält, der Gedächtnis und intelligentia zur konkreten Einheit der Erkenntnis verbindet, der sowohl Geist und Körper zusammenschließt als auch die unterschiedenen Momente des Intellekts zur produktiven Synthesis bringt — anscheinend also die Kraft jener Vermittlung, die sich in jedem Erkenntnisakt vollzieht. Doch die Kraft des Willens ist keine göttliche Schöpferkraft. Er ist ver-

---

71 vgl. Platon, Phaidon, 66 b ff., a.a.O., S. 19
72 Jedenfalls nicht beim reifen Augustin auf der Höhe seiner Lehre (vgl. Aug., Retractationes I 4,4), und nur um die und ihre Bedeutung geht es hier. Wie sie sich auf dem Boden des Platonismus allmählich herausgebildet hat, siehe F. Körner, Die Entwicklung Augustins von der Anamnesis- zur Illuminationslehre, in: Theol. Quartalschrift 134 (1954), S. 397 ff.

wiesen auf das, was er zur Synthesis fügt. Ohne die Sinne und die auf sie einwirkenden Gegenstände, ohne Gedächtnis und intelligentia hätte er nichts zu synthetisieren und wäre selbst gar nichts. Seine Produktivität ist also begrenzt. Vor allem kann sie eines nicht: Wahrheit erzeugen. Der Wille ist ja gerade die Kraft des je einzelnen, mit Unbeständigkeit und Vergänglichkeit geschlagenen Menschen. Und daraus soll das Allgemeine, unwandelbar Wahre hervorgehen? Unmöglich. Ebensowenig kann es der Sinnenwelt entspringen, die ja ebenfalls unstet und vergänglich ist. Wo aber kommt dann die Wahrheit der menschlichen Erkenntnis her?

Hier setzt Augustins Lehre von der göttlichen Erleuchtung ein. "Die Vernunftseele schaut vom göttlichen Wahrheitslichte gewissermaßen durchströmt und erleuchtet, nicht mit den Augen des Leibes, sondern mit ihrem höchsten Vermögen, der Denkkraft der Seele, die Ideen (rationes) ..."[73] Diese bildhafte Redeweise[74] versammelt in sich noch einmal alle bisher behandelten Aspekte des Vermittlungsproblems. Zunächst verweist sie den menschlichen Willen in seine Schranken. Wohl ist er es, der verschiedene Wahrnehmungen, Vorstellungen und Gedanken in einem einzelnen Bewußtsein zusammenbringt. Doch nicht nur großartige Einsichten, sondern auch Hirngespinste und Phantastereien entstehen so.[75] Dafür, daß Gedächtnis, intelligentia und Wille nicht bloß zusammenkommen, sondern so ineinandergreifen, daß der Intellekt auch inhaltlich mit sich und seinen Gegenständen übereinstimmt – dafür kann kein einzelner Wille bürgen, wie sehr er sich auch anstrengen mag. Wahrheitsdurst und Verblendung sind oft genug eine unheilige Allianz eingegangen und haben genügend Blutzeugen für Augustins Einsicht hinterlassen, daß die widerspruchsfreie Vereinigung der drei menschlichen Geisteskräfte stets glückliches Zusammentreffen ist: kontingent, unerzwingbar, unableitbar. Beim einen bleibt sie aus, auch wenn alle Vorbedingungen dafür erfüllt scheinen, beim andern stellt sie sich ein – plötzlich, wie ein Licht aufleuchtet. Das ist die eine Seite der augustinischen Erleuchtungsmetapher. Sie bringt zum Ausdruck, daß nirgends

---

73 Augustinus, De diversis quaestionibus 83, qu. 46 n. 2
74 entlehnt ist sie aus Platons Sonnengleichnis (vgl. Platon, Politeia 508 a ff., a.a.O., S. 220 f.), gewendet ist sie gegen Platons Wiedererinnerungslehre.
75 vgl. De trinitate, IX 6,10; S. 54

in der ganzen Schöpfung ein zureichender Grund für wahre Erkenntnis auffindbar ist. Die Sinnendinge und ihre intelligiblen Strukturen, der Intellekt und seine Kräfte und Formen — all das sind lediglich die Bedingungen, ohne die es Wahrheit nicht geben kann, niemals aber die Garanten für ihr Eintreten. Dazu kommt es erst, wenn der Intellekt, man weiß nicht wie, über die Gesamtheit dieser Bedingungen hinausschießt und sich mit seinen Gegenständen wirklich in Einklang setzt. Sofern die Erleuchtungsmetapher für dies Blitzhafte steht, bezeichnet sie nicht ein Drittes, das den Einzelmenschen mit der Allgemeinheit des Ideellen vermittelt, sondern steht für die *Abwesenheit* eines solchen Dritten. Sie faßt die Vermittlung nicht positiv, als ein eigenes Sein neben den Vermittelten, sondern ausschließlich negativ: als das Unableitbare, Unergründliche, das Moment von Diskontinuität. Daß das Denken sich einer solchen Bruchstelle im Kosmos verdankt, merken die Menschen freilich erst, wenn sie ihre eigenen Vorstellungen und Gedanken auf ihre Wahrheit prüfen. Die zu beurteilenden Gedanken dürfen natürlich nicht selber der Maßstab des Urteils sein; vielmehr muß es ein Objektives über ihnen geben, das gerade nicht dem einzelnen Intellekt entspringt, zu dem er sich jedoch aufschwingen muß, wenn sein Urteil nicht der Wahrheit entbehren soll. In diesem Aufschwung des Geistes geschieht, was Augustin so umschreibt: "Lebendig wirkt und leuchtet von oben her das Urteil der Wahrheit, und es steht fest durch unzerstörbare Regeln eigenen Rechts."[76]

Der Höhepunkt des menschlichen Denkens ist die Selbstreflexion, worin die Momente des Intellekts zur glücklichen, gottähnlichen Dreieinigkeit zusammenschießen. An ihr erst entfaltet auch die Erleuchtungsmetapher ihre ganze Bedeutung, denn das Selbstbewußtsein ist das Unableitbare schlechthin. Es läßt offenbar werden, daß der menschliche Geist über die gesamte Natur hinausragt und nirgends in ihr einen zureichenden Grund hat. Und umgekehrt tut es sich kund als das Reich der Freiheit, das in die Naturverfallenheit der Menschen hineinragt und ihr das letzte Wort streitig macht. In die Sphäre der Freiheit oder Gottähnlichkeit gibt es keinen gleitenden Über-

---

[76] De trinitate, IX 6,10; S. 53

gang, sondern nur den Sprung, der für Augustin der Inbegriff aller Erleuchtung ist: die Christwerdung des Menschen. Die Schilderung seiner eigenen Bekehrung, die der Kirchenvater in seinen Bekenntnissen bis in alle Details ausbreitet,[77] und die den Heutigen, zumal in gewissen Übersetzungen, eher larmoyant und gefühlsduselig vorkommt — hat zur Pointe nicht das Aufkochen von Affekten, sondern genau jenen Sprung, jenes Aufleuchten, das Gewinnung des Selbstbewußtseins heißt.[78] Einzig der Glaubende gilt Augustin als der wahrhaft Erkennende.

Selbstbewußtsein ist also nicht ein unendlich fernes Ziel; die Versöhnung von Gedächtnis, Wissen und Wille ist hier und jetzt schon möglich. Ihr Zustandekommen verdankt sie jedoch ihrem Gegenteil. Nicht anders kann das Selbstbewußtsein zur Einheit zusammenschießen, als daß es den Naturzusammenhang, dem die Menschen als physische Wesen angehören, aufreißt und ihnen offenbart, daß nicht Vegetieren und Selbsterhaltung der wahre Zweck ihres Daseins ist, sondern jene Selbstbestimmung, von der das Selbstbewußtsein bereits die verheißungsvolle Kostprobe ist. Mehr allerdings nicht; denn seine glückliche Vermittlung in sich ist stets erkauft durch den Riß, der es von der Natur abhebt. Dieser Riß, philosophisch: Chorismos, ist so etwas wie das Kainsmal des Selbstbewußtseins: die göttliche Auszeichnung der menschlichen Vernunft und zugleich ihre Entstellung, die sie "unstet und flüchtig auf Erden" (Gen 4,12) macht. Die Vermittlung von Geist und Natur gelingt den Menschen nur in diesem Riß; sie bleibt stets eine gebrochene. Die Versöhnung von Geist und Natur gibt es nur als Vorstellung oder Gedanken; die ungebrochene Vermittlung wird nur in der Selbstreflexion wirklich. Sie kann den Riß, dem sie entspringt, nicht schließen, nur beklagen; und ihre Klage kann praktisch werden: Einzig wenn ein von aller Zerrissenheit geheiltes Selbstbewußtsein das Handeln der Menschen leitet, kann es ihnen gelingen, den Riß, der sich durchs Weltganze zieht, auf ein Minimum zu bringen und Verhältnisse herzustellen, die es ver-

---

77 vgl. Confessiones, VIII
78 Das unterscheidet Augustin strikt von Kierkegaard, für den die Christwerdung des Menschen ebenfalls ein Sprung ist, aber einer *aus* der Vernunft in eine Sphäre, die angeblich höher ist als alle Vernunft — was freilich bloße Beteuerung der Vernunft bleibt; vgl. S. Kierkegaard, Der Begriff Angst, 1984, passim.

schmerzen lassen, daß sie die ewige Seligkeit vorenthalten, weil sie immerhin ihren Vorgeschmack gewähren: ein von Glück und Würde geprägtes Leben.

Es ist in Augustins Erkenntnislehre ein Begriff von Selbstbestimmung angelegt, so emphatisch und dialektisch, wie er allenfalls auf den höchsten Höhen der Aufklärung entfaltet wurde. Selbstbestimmung, die diesen Namen ohne jede Einschränkung verdient, wäre nichts Geringeres als die Versöhnung des seiner selbst mächtigen Menschengeistes mit der Gesamtheit seiner materiellen Lebensbedingungen: Erlösung. Doch gerade die können die Menschen nicht aus eigener Kraft hervorbringen; sie bleiben bedürftig, leidend, sterbend den Naturgesetzen unterworfen. Vollkommene Selbstbestimmung bleibt beschränkt auf Selbstreflexion; so ist sie unvollkommen. Aber nur wenn die Menschen wenigstens ihres Geistes mächtig werden und ihn von dem Riß befreien, den sie aus der konkreten Welt nicht ganz tilgen können, haben sie die Chance, in ihrem materiellen Leben eine Selbstbestimmung zu praktizieren, die immerhin der Abglanz der emphatischen genannt zu werden verdient. Ein steiles Geschichtsbewußtsein verbirgt sich in dieser Überlegung. Geschichte ist blind, solange sie ziellos, im ehernen Bann des Schicksals oder ewiger Ideen dahingleitet. Nur als Prozeß, der die Naturverfallenheit der Menschen aufreißt und ihre Wesensbestimmung, die Gottähnlichkeit, herausbringt, kann sie vernünftig gedacht und gemacht werden. Augustins Erkenntnistheorie steht vorab im Kraftfeld dieses geschichtsphilosophischen Gedankens. Jede noch so winzige Erkenntnis geschieht um der Gottähnlichkeit willen. Von ihr her empfängt sie ihren Sinn. Sie ist der geheime Endzweck, auf den sie sich auch dann zubewegt, wenn sie selbst nichts davon weiß — und der umgekehrt von jeder Form der Lüge und Verblendung sabotiert wird. Und wie die Gottähnlichkeit sich einer blitzartigen Erleuchtung verdankt, so blitzt es unweigerlich schon im kleinsten Erkenntnisakt. Die Gnade der Bekehrung läßt rückblickend jeden Erkenntnisschritt, der ihr vorausging, bereits als einen Fingerzeig der Gnade erscheinen, und die Selbstreflexion bringt an den Tag, daß der erkenntnistheoretische Begriff der Erleuchtung und der theologische der Gnade im wesentlichen konvergieren. Beide stehen für das Moment von Diskontinuität, ohne das die

Menschheit nicht zur Vernunft und die Geschichte nicht zur Humanität gelangen kann.

Wohl überlegt ist daher Augustins These, daß kein Mensch einen andern wirklich etwas lehren kann.[79] Zwar können die Menschen einander die vielfältigsten Zeichen geben, und jeder Belehrungsversuch bedient sich ihrer.[80] Doch was unterscheidet Worte und Gebärden von sinnlosen Lauten und Gefuchtel, wenn nicht das Geistige an ihnen, das ihnen eine Bedeutung gibt und sie so überhaupt erst zu Zeichen macht? "... durch bloßes Hören erfaßt man die Worte noch nicht."[81] Einen Laut als Zeichen erkennen heißt vielmehr seine Bedeutung erfassen. Dieser Übergang vom Sinnlichen zum Geistigen, der das Zeichen mit dem Bezeichneten vermittelt, ist das eigentliche Lernen – und genau das kann nicht gelehrt werden. Die Vermittlung ist der Erleuchtungsblitz, der sich jeder Begründung und Ableitung entzieht – der Fluchtpunkt aller didaktischen Bemühungen und zugleich ihr blinder Fleck.[82] Jedes Individuum durchläuft ungezählte solcher Lichtpunkte in seinem Bildungsgang. Wann immer die Vielfalt der Wahrnehmungsbilder in den Konservierungsstoff des Gedächtnisses getaucht und zu Vorstellungen präpariert, das Vorgestellte in Begriffe, Urteile und Schlüsse überführt wird – stets findet der geheimnisvolle Vorgang der Vergeistigung statt, der nicht erklärbar ist aus dem, was er vergeistigt, weil er der Sprung darüber hinaus ist. Für wen sich die Wirklichkeit auf das Dahinfließen der sinnlichen Welt im Zeitkontinuum beschränkt, der merkt von diesem Geheimnis natürlich gar nichts. Der Bildungsprozeß eines Menschen ist ihm nicht mehr als eine Abfolge von Ereignissen, die man endlos zergliedern und katalogisieren kann,[83] weil sie nur für sich selbst stehen und in nichts über sich hinausweisen. Nur wer sich vergegenwärtigt, was eigentlich Vergeistigung heißt und die Rich-

---

79 Augustinus, De magistro, XIV 45, hg. v. C.J. Perl, 1974, S. 97
80 De magistro, X 30, a.a.O., S. 73. Augustin gibt in dieser Schrift eine ausführliche, nahezu systematische Verhältnisbestimmung von sprachlichen und nichtsprachlichen Zeichen.
81 a.a.O., XI 36, S. 83
82 In einer Besprechung von Walter Kempowskis "Einfache Fibel" heißt es: "Immer wieder war er glücklich und verwundert, daß die Kinder es lernen konnten: in Buchstabenfolgen jene Wörter zu erkennen, die wir täglich sprechen. Und in jedem neuen Jahr gab es irgendwann eine Schrecksekunde: Was, wenn es diesmal nicht klappt?" Dieser Schrecken ist die Kehrseite des Erleuchtungsglücks (Frankfurter Allgemeine Zeitung, 5.6.1982, Bilder und Zeiten Nr. 128).
83 Das ist dann das ergebnislose Geschäft der Lernpsychologie, s.o. Kap. 1

tung erkennt, die sie in jedem ihrer Sprünge nimmt, dem eröffnet sich auch die Einsicht, daß die Vermittlung, die in jedem Erkenntnisakt geschieht, den hauchdünnen Spalt darstellt, durch den der Luftzug der Gottähnlichkeit noch in den dumpfsten Alltag hineinweht.

Das ist der negative Gehalt der Erleuchtungsmetapher. Doch Augustin ist dabei nicht stehengeblieben. Er will seine Erkenntnislehre bruchlos in den theologischen Zusammenhang einfügen, zu dessen Verdeutlichung und Erhärtung er sie so ausführlich entfaltet hat. Und so geht er vom Negativen zum Positiven über und versucht, den Erleuchtungsblitz, das Unableitbare, seinerseits noch einmal abzuleiten: aus Gott selbst. "Gott ist für unser Denken das, was die Sonne für unser Auge ist. Wie die Sonne die Quelle des Lichtes, so ist Gott die Quelle der Wahrheit."[84] So läßt sich das wohl zusammenfassen; nur in welcher Weise teilt sich diese Quelle mit? Einerseits heißt es: "Die Vernunftseele schaut vom göttlichen Wahrheitslichte gewissermaßen durchströmt und erleuchtet, nicht mit den Augen des Leibes, sondern mit ihrem höchsten Vermögen, der Denkkraft der Seele, die Ideen (rationes) ..."[85] Andrerseits betont Augustin, "daß die Natur des menschlichen Intellekts so verfaßt ist, daß sie, auf Anordnung des Schöpfers, durch eine natürliche Ordnung den erkennbaren Dingen (rebus intelligilibus) verbunden ist und sie so in einem gewissen unkörperlichen Lichte eigener Art schaut, wie das leibliche Auge in körperlichem Licht seine Umgebung sieht — ist es doch für dieses Licht empfänglich und ihm angepaßt geschaffen."[86] Wie nun? Ist Gott selbst das Licht, das direkt in die Seele einstrahlt und ihr die geistige Form der Gegenstände erstrahlen läßt, oder geschieht das nur auf "Anordnung" Gottes, also mittelbar? Gibt ferner das göttliche Licht dem Intellekt nur die Befähigung, die Dinge zu erkennen, oder strahlt es ihm auch den Inhalt der Erkenntnis ein?[87]

---

84 E. Gilson, a.a.O., S. 146
85 De div. quaest. 83, qu. 46 n. 2
86 De trinitate, XII 15,24; eig. Üb., vgl. S. 153 f.
87 Um diese Probleme hat der Augustinismus des Mittelalters gerungen, namentlich Bonaventura in Auseinandersetzung mit Thomas von Aquin (vgl. J. Hessen, Augustins Metaphysik der Erkenntnis, 1960 2.A., v.a. S. 84 ff.). Und heute noch widmen Historiker weitschweifige Untersuchungen der Frage, ob die augustinische Erleuchtung etwas grundsätzlich anderes sei als die aristotelische Abstraktion. Das ist sie natürlich nicht, wie

Auf solche Fragen bleibt Augustin eine eindeutige Antwort schuldig. Das hat einen objektiven Grund. Sobald der Erleuchtungsgedanke vom Negativen ins Positive gewendet wird, wird auch die Vermittlung, die in jeder Erkenntnis stattfindet, auf ein Drittes zurückgeführt: Gott. Erneut übt die Denkfigur des dritten Menschen ihren Sog aus. Er raubt der Erleuchtungsmetapher ihre argumentative Kraft und entwertet sie zu einer Pseudoerklärung. Denn *wie* Gott das genau macht, daß er den menschlichen Intellekt erleuchtet und ihm die Gegenstände offenbart, und warum er den einen mehr erleuchtet und den andern weniger — das wäre doch nun wirklich interessant zu wissen, und genau das bleibt unerklärt wie eh und je. Die Metapher sagt nur, *daß* Gott da auf geheimnisvolle Weise etwas tue, aber nicht, was, und daß er nach höherem Ratsschluß handle, aber nicht, nach welchem. Der Versuch, zum Grund der Erleuchtung vorzustoßen, führt ins Dunkle. Die Erleuchtung bleibt das Unableitbare, Unhintergehbare, oder theologisch: Gnade. Erst ihre Verkehrung vom Negativen ins scheinbar Positive bringt die gesamten Ungereimtheiten hervor, zu deren Bewältigung die Theologie vergebens allen Scharfsinn aufgeboten hat und die sie sich in der Gegenwart zunehmend durch Ignorieren vom

schon Aristoteles' Verwendung der Lichtmetapher für den "wirkenden Geist" zeigte (De anima, 430 a, s.o. Kap. 2). Beiden ist das Entscheidende gemeinsam: das Moment von produktiver Diskontinuität in jedem Erkenntnisakt. Wohl hat Augustin nicht eigens auf das Zustandekommen von Begriffen reflektiert, das später von Thomas, in Anlehnung an Aristoteles, als Abstraktionsvorgang charakterisiert wird, bei dem der Intellekt aus den von den Sinnen empfangenen Vorstellungsbildern einen allgemeinen Begriff zieht (vgl. Thomas von Aquin, s.th. I q. 84 a. 6 c.a.). Insofern hat Gilson vordergründig recht mit der Feststellung, "daß Augustin nicht so sehr die Bildung von Begriffen als vielmehr die Erkenntnis der Wahrheit im Auge hat." (Gilson, a.a.O., S. 159) Nur läßt sich Wahrheit nie anders als begrifflich formulieren, so daß Wahrheitslehre ohne Begriffslehre auf die Dauer nicht auskommt. Bei Augustin deutet sich das zumindest an: In De magistro wird eigentlich alles Lernen auf göttliche Erleuchtung zurückgeführt, nicht erst eines auf höheren geistigen Stufen, wie das andere Stellen wiederum nahelegen (vgl. bes. De trinitate, IX 6,10; S. 54 f.). So bedeutet Erleuchtung letztlich soviel wie Vergeistigung (das konnte Gilson nur leugnen, weil er die Wahrnehmung bereits als etwas *rein* Geistiges auffaßt und nicht, wie Augustin, als einen synthetischen Akt, worin der äußere Gegenstand ebenso durch die Sinne empfangen wie vom Willen zu einem strukturierten Bild konzentriert wird; vgl. Gilson, a.a.O., S. 159 ff.), und die Differenz zum Abstraktionsgedanken schrumpft zu einer im wesentlichen terminologischen. — Übrigens ist der wirkende Geist oder intellectus agens, dem Thomas die Abstraktionsleistung zuschreibt, nicht minder geheimnisvoll als die Erleuchtungsmetapher; denn er ist stets schon ein Zusammengesetztes aus den beiden Seelenkräften, die Augustin intelligentia und voluntas nennt, während der intellectus possibilis, der "Platz der Denkformen" (De anima, 429 a), weitgehend der augustinischen memoria entspricht. Das glückliche Zusammentreffen dieser drei Momente heißt bei Augustin Erleuchtung. Der Sache nach findet sie genauso statt, wenn intellectus agens und intellectus possibilis zur Einheit zusammenschießen. Allein aus dem intellectus agens läßt sich diese Einheit ebensowenig erklären wie bei Augustin aus voluntas oder intelligentia.

Hals zu schaffen versucht. Wenn dem Begriff der Gnade, der für die Abwesenheit eines erkennbar zureichenden Grundes steht, eben dieser Grund untergeschoben wird, dann läßt sich Gnade in der Tat nicht mehr anders auffassen denn als der unerforschliche Ratsschluß und die Vorherbestimmung Gottes, und dann erst entsteht eine unauflösliche Antinomie: Wo die Vorherbestimmung Gottes wirklich die Welt regiert, da ist die Freiheit des menschlichen Willens, wie man's auch dreht und wendet, letztlich Schein. Und wo Menschen wirklich frei handeln, da ist es nichts mit der gnädigen Vorherbestimmung. Die Theologie ist mit dieser Antinomie gestraft für ihren Hochmut, das Unableitbare ableiten zu wollen. Für die wahre Demut aber, die es beim Negativen aushält und sich bei dem bescheidet, worüber Vernunft nicht hinaus kann, existiert die Antinomie überhaupt nicht, weil sie den Gedanken des freien Willens ohne den der Gnade gar nicht fassen kann. Ohne den Willen wirklicher Individuen gäbe es nicht ein einziges geistiges Gebilde, also auch keine wahre Erkenntnis. Nur dem sie Wollenden kann die Wahrheit zufallen, doch nie als Beute, sondern nur als Geschenk. Erst indem das geschieht, ist der Wille frei zu nennen. Den Titel der Freiheit verdient nicht der nach Belieben und willkürlich agierende Wille, sondern allein der vernunftbestimmte, mit der Wahrheit vermittelte. Die Vermittlung selbst aber ist das Unableitbare: Gnade.

Augustins Erkenntnislehre ist die erste auf dem Boden des Christentums. Zur Veranschaulichung und zum Ruhm der göttlichen Dreieinigkeit in den Dienst der Theologie genommen, veranschaulicht und rühmt sie freilich anderes, als ihr Urheber beabsichtigte. Es wurde gezeigt, daß sie keineswegs die harmlose didaktische Handreichung für einen schwer verständlichen Sachverhalt ist, als die Augustin sie bescheiden einführt, sondern der entscheidende theoretische Schlüssel, der zum Wahrheitsgehalt der Trinitätslehre allererst Zugang verschafft. Die Dreieinigkeit, die als göttliche unfaßlich bleibt und sich in absolute Relativität verflüchtigt, wird faßlich und konkret in der Dreieinigkeit des Selbstbewußtseins. Wider Willen entschlüsselt Augustin die göttliche Trinität als die himmlische Projektion des Selbstbewußtseins. Freilich ist diese Projektion kein x-beliebiges Hirngespinst, das sich ersatzlos streichen ließe, sondern nichts

Geringeres als die auf die Spitze getriebene Objektivation der Vernunft selbst. In der Idee Gottes hat sich die Vernunft auf ihren eigenen Inbegriff zusammengezogen. Gott steht für die von allem Widerspruch freie, durch nichts bedingte, alles umfassende und alles begründende Vernunft, für all die Bestimmungen also, an denen es der menschlichen Vernunft fehlt, die sie aber als ihren Mangel *denken* kann — und denken *muß*, wenn sie sich selbst begreifen will. So verstanden ist Gott der durch nichts zu ersetzende negative Begriff, an dem sich die Konturen des Selbstbewußtseins erst schärfen, und ohne den es sich nimmermehr als die gottähnliche Sphäre erkennen könnte, worin alle Freiheit, zu der jemals Menschen fähig sind, beschlossen liegt. Erst die positive Seite der Projektion Gottes ist unwahr, trotz allen kirchenväterlichen Sträubens. Der Versuch, den Inbegriff der Vernunft, das Absolute, als etwas an sich Bestehendes darzustellen, nämlich als Dreifaltigkeit Gottes, läßt das Darzustellende in die absolute Vermittlung dreier Relationen zusammensinken.

Augustin hat es bei dem aufklärerischen Geist, den er sich in der Erkenntnislehre selbst heranzog, nicht ausgehalten und ihn der Scheinpositivität der göttlichen Trinität geopfert. Die scheinbare Geschlossenheit, die sein theologisches System dadurch gewinnt, ist der Triumph der Magie auf dem geistigen Höhepunkt der antiken Theologie. In Form eines entwickelten philosophischen Idealismus zelebriert Augustin noch einmal jenes geistige Opfer, mit dem schon das Urchristentum die materielle Gewalt gegen den historischen Jesus verklärte — und schiebt das Geopferte geradewegs in die Fußstapfen des Gekreuzigten. Denn wie in diesem Individuum die gelungene Vermittlung sich zu symbolischer Kraft verdichtete, so gewinnt sie im seiner selbst als gottähnlich innewerdenden Selbstbewußtsein die Kraft der Reflexion. Beide sind nicht absolut. Wie der Inbegriff von Versöhnung, für den die historische Gestalt einstand, mit der konkreten Realität bis zum Äußersten, dem Kreuz, unversöhnt blieb, so ist auch das Selbstbewußtsein nur der Statthalter der Versöhnung, nicht ihr Vollstrecker. Es vermag den Riß, dem es sich verdankt, nicht aus eigener Kraft zu schließen, obwohl es die Idee seiner Heilung ist. Die Vermittlung von Geist und Natur bleibt eine gebrochene. Was die ungebrochene wäre, läßt sich lediglich erahnen, und Augustin hat das Geheimnis der menschlichen Sprache für ihren verheißungsvollsten Vorboten angesehen.[88] Im gesprochenen Wort, wo der Geist, man weiß nicht wie, ins Stimmliche übergeht, ganz mit ihm eins wird und doch ganz bei sich selbst bleibt, sind Geistiges und Sinnliches tatsächlich so unvermischt und ungetrennt wie die zwei Naturen Christi für das Konzil zu Chalcedon. Doch erst wenn diese Vermittlung von der Sprache auf die gesamte Realität überspränge, wäre die Menschwerdung Gottes, die das Dogma als bereits geschehen behauptet, wirklich eingetreten.[89]

88 vgl. De trinitate, XV 11,20; S. 279
89 Wem es ernst damit ist, die Lehre von der Gottheit Christi so zu interpretieren oder zu aktualisieren, daß sie auch heute noch standhält, dem bleibt kein anderer Weg als der, den Augustin schon ein beträchtliches Stück weit beschritten hat: die Rückbeziehung der Dogmen von der Trinität und den zwei Naturen Christi auf das menschliche Selbstbewußtsein und seine sprachliche Artikulation. Davon aber wollen die prominenten Aktualisierer der Gegenwart, namentlich Hans Küng, nichts wissen. Einerseits stellt Küng sich auf den katholischen Standpunkt, bejaht also die Dogmen in ihrer unmittelbaren, unentschlüsselten Gestalt, andrerseits bejaht er sie nur mit Vorbehalten, denn er hält sie für interpretationsbedürftig, vornehmlich für die, "die nicht glauben, aber doch ernstlich fragen, die geglaubt haben, aber unzufrieden sind mit ihrem Unglauben, die glauben, aber in ihrem Glauben sich verunsichert fühlen, die zwischen Glauben und Unglauben ratlos sind, die skeptisch sind gegen ihre Glaubensüberzeugungen, aber auch ihre Glaubenszweifel" (H. Küng, Christ sein, 1974, S. 13) – also für all diejenigen, bei denen der Katholizismus noch einen Stein im Brett hat, denen aber bei der Schärfe und Unbedingtheit der dogmatischen Formeln unwohl ist. Für dies Unbehagen freilich können die dogmatischen Formulierungen nichts. Sie sind, wie sich gezeigt hat, der kürzeste und geschliffenste Niederschlag einer in sich letztlich unerhört konsequenten theologischen Entwicklung. Wer den erlösenden Opfertod Jesu für bare Münze nimmt, der muß, wenn er sich nicht vorzeitig aus der Zucht des Denkens davonstehlen will, auch die vollständige Gottheit Christi, seine Wesensgleichheit mit dem Vater und die Geburt seiner zwei Naturen aus Maria für bare Münze nehmen. Da gibt es nichts zu interpretieren und zu deuten, sondern nur Ja oder Nein. Die Hüter der katholischen Tradition handeln nur konsequent, wenn sie diese Formeln wie Reliquien unter Verschluß halten, denen nur gläubige Verehrung gebührt, und kein Ja, aber. Letzteres haben sie Küng durchaus mit Recht angekreidet (vgl. Um nichts als die Wahrheit – Deutsche Bischofskonferenz contra Hans Küng, hg. v. W. Jens, 1974, v.a. S. 227 ff.), dessen Versuche, die Gottheit Christi zu interpretieren, denn auch allesamt interpretationsbedürftiger sind als das, was sie interpretieren sollen. In den dogmatischen Formeln sieht Küng eine gewisse Abweichung vom Neuen Testament, die er auf das Konto "zeitgenössischer philosophischer Begrifflichkeit" verrechnet. "Eine andere Begrifflichkeit stand nicht zur Verfügung! Die hellenistischen Begriffe waren, so müssen wir aus heutiger Perspektive sagen, der ursprünglichen Botschaft zum Teil wenig angemessen. Aber waren sie nicht unvermeidlich?" (Küng, Christ sein, S. 438) Das bejaht Küng wohl, doch die Unvermeidlichkeit ist ihm nur ein zeitbedingter Notbehelf. Er akzeptiert die dogmatischen Formeln nicht, weil sie richtig sind, sondern weil sie angeblich etwas Richtiges intendieren, und dieses Richtige, für das die "oft in mythologische oder halbmythologische Formen der Zeit gekleideten Aussagen über Gottessohnschaft, Vorausexistenz, Schöpfungsmittlerschaft und Menschwerdung" (440) stehen, ist "die Einzigartigkeit, Unableitbarkeit und Unüberbietbarkeit des in und mit Jesus lautgewordenen Anrufs, Angebots, Anspruchs" (440), die es gestattet, Jesus "als Gottes Sachwalter und Platzhalter, Repräsentant und Stellvertreter" (439) zu bezeichnen. So macht Küng aus den präzisen dogmatischen Bestimmungen Metaphern für das Unpräzise, zu dessen Präzisierung sie einst ausgebildet wurden. Seine Jesus-Prädikate wollen direkt an die neutestamentlichen anknüpfen, sind ihnen an Ungenauigkeit aber durchaus über-

Das Kreuz heißt mit Recht *Wahr*zeichen des Christentums, weil es diese Wahrheit, allen theologischen Beschönigungsversuchen zum Trotz, unbestechlich im Bilde festhält. Keiner der beiden Kreuzesbalken ist dem andern entsprungen, keiner von beiden hat einen höheren Rang als der andere. Jeder ist etwas für sich, und doch sind sie wechselseitig aufeinander verwiesen, denn erst beide zusammen ergeben das Kreuz: durch Zusammentreffen an der richtigen Stelle. Ihre Vereinigung kann aber nur so gelingen, daß der eine Balken die Linie des andern bricht. So gibt das Kreuz der tiefsten Kritik des philosophischen Idealismus die Gestalt des einfachsten Symbols. Es steht für die wahre Vereinigung von Geist und Natur, worin beide nicht länger in den Bann des je anderen geschlagen wären. Indem es sich aber dagegen sperrt, Geist auf Natur oder Natur auf Geist zu reduzieren, demonstriert es zugleich, daß das glückliche Zusammentreffen beider, ihre gelungenen Vermittlung, einzig in gebrochener Gestalt real zu werden vermag.

4. Die absolute Vermittlung

Daß Gott etwas anderes sein könnte als absolute Substanz — vor einem solchen Gedanken schauderten die Kirchenväter

legen. Sachwalter, Platzhalter, Repräsentant oder Statthalter Gottes ist auch jeder Apostel, Papst oder Priester. Wie muß Christus verfaßt sein, damit man ihm diese Titel in unmißverständlicher Weise beilegen kann? Wie muß er beschaffen sein, damit die von ihm behauptete Einzigartigkeit und Unüberbietbarkeit auch einsichtig wird? Das sind die Fragen, an denen sich systematische Theologie einst überhaupt erst entzündete — um dann unweigerlich aufs Dogma zuzusteuern. Küng interessieren solche Fragen nicht mehr besonders, weil sie seine Adressaten nicht interessieren. Jene skeptischen, zweifelnden und suchenden Zeitgenossen, für die er schreibt, können offensichtlich einem Sachwalter, Platzhalter, Repräsentanten oder Statthalter Gottes entschieden mehr abgewinnen als der Wesensgleichheit des Sohnes mit dem Vater. Das ist nicht verwunderlich. Unter "Wesen", dem Kernbegriff der Metaphysik, können sich heute nur noch die wenigsten etwas Vernünftiges denken, wie auch den meisten zu "Spekulation" nur noch die Börse einfällt. Die wirtschaftlichen Erfordernisse der verwalteten Welt treiben dem Menschen sukzessive auch noch die Grundbegriffe der Metaphysik als überflüssigen Ballast aus. Sie sollen nicht denken, sondern funktionieren. Da kommt die Verwaltungssprache gerade recht. Sachwalter, Repräsentanten und Stellvertreter gibt es in jedem Betrieb. Solche Begriffe sind den Werktätigen von heute tägliches Brot, und je näher etwas liegt, um so eher kann man sich damit identifizieren. Das ist das Kriterium. Ob Verwaltungsbegriffe noch Erklärungskraft haben, wenn man sie auf Gott bezieht, spielt keine Rolle; Hauptsache, man kann sich irgendetwas unter ihnen vorstellen, was zur Identifikation einlädt. Die enorme Resonanz, die Küng genießt, erweist ihn als vorzüglichen Psychologen, der etwas Entscheidendes in der seelischen Verfassung der Heutigen getroffen hat: das Bedürfnis nach Geborgenheit in begrifflicher Unschärfe, die den Menschen gestattet, gemeinsam und von Herzen zu glauben, ohne daß sie noch genau sagen müssen, woran. So kann man sie mit dem Dogma, dessen Formulierung ihnen nichts mehr sagt, versöhnen und der Kirche erhalten oder gar neu zuführen.

begreiflicherweise zurück. Das ganze Kirchengebäude ruhte auf der Idee der göttlichen Substantialität, die überdies im Begriff stand, zum Grundstein der politischen und geistigen Ordnung des Abendlandes zu werden. Während das weströmische Reich von den Westgoten überrannt wird, schreibt Augustin sein theologisches Monumentalwerk, den "Gottesstaat", worin er dokumentiert, daß das Christentum keineswegs gesonnen ist, gemeinsam mit dem Weltstaat, mit dem es kurz zuvor erst den Pakt geschlossen hat, auch unterzugehen. Im Gegenteil; es hebt sich deutlich von ihm ab und erwächst zu einer Macht eigener Art, die nicht mehr *ausschließlich* aufs Schwert gestützt ist, sondern sich allmählich zu einem über Landesgrenzen und Volkszugehörigkeit hinausgreifenden Gebilde entwickelt: der abendländischen Christenheit. In ihr feiert die Substantialität Gottes ihren größten Triumph — als Idee, die nicht nur in den Köpfen steckt, sondern einen umfassenden gesellschaftlichen Zusammenhang wirklich formt: die mittelalterliche Ständegesellschaft. Vom kleinsten Bauern und Hintersassen bis hinauf zu Kaiser und Papst ist sie als eine große Lehenspyramide organisiert, die mit ihrer Spitze, dem Stellvertreter Christi auf Erden, ins Himmlische weist und so als die unerschütterliche, im Ratschluß Gottes gegründete und auf sein ewiges Reich der Erlösung ausgerichtete Weltordnung dasteht. Kämpfe und Streitigkeiten fanden *innerhalb* dieser Ordnung statt. Deren Unverbrüchlichkeit war die gemeinsame Voraussetzung aller Kontrahenten — eine Voraussetzung freilich, die der Weltlauf schließlich der Unwahrheit überführte. Der Zusammenbruch des mittelalterlichen Feudalsystems erschütterte unweigerlich das Vertrauen in die Substantialität Gottes, die die kirchlichen Dogmen auf ewig hatten versiegeln wollen. Daß der aus den Fugen geratenen Welt insgeheim ein fein abgestimmtes Gefüge ewiger göttlicher Ideen zugrundeliege, will nun so recht niemand mehr glauben. Die Gesellschaft, die sich auf den Trümmern der feudalen allmählich herausbildet, hat denn auch zu ihrem Prinzip nicht die starre Substantialität, sondern die Bewegung. Wohl blühte schon im hohen Mittelalter ein bürgerlicher Stand auf, der sich zunehmend auf den Handel verlegte und dabei seine Fühler über das Abendland hinaus bis in den fernen Osten ausstreckte. Doch die Beweglichkeit der Kaufleute und ihr bedeutender Reichtum waren zunächst nichts Umwälzendes. Das Handelskapital, das den Austausch von Konsumgütern regelte, war nur ein Moment innerhalb eines in sich festen, hierarchisch gegliederten Ganzen. Daß dieses Moment aufs Ganze überspringt und sein bestimmendes Prinzip wird — das macht im wesentlichen den Übergang von der feudalen zur bürgerlichen Gesellschaft aus.[1] Solange die Lehen heilig gehalten wurden als die unveräußerliche Mitgift, die Gott den Menschen je nach Geburt und Stand zumißt, hatte die alte Ordnung Bestand. Das Käuflichwerden der Lehen ist der Keim ihrer Zersetzung; Lehen waren nämlich in erster Linie Grund und Boden, und deren Nutzung durch Ackerbau und Viehzucht bildete die wirtschaftliche Grundlage der Gesellschaft. Werden Grund und Boden käuflich, d.h. zur Ware, so sind sie nicht mehr Gottes Eigentum, sondern Manövriermasse des Kapitals, das damit nicht länger bloß den Austausch fertiger Produkte regelt, sondern auch auf die Mittel übergreift, mit denen sie hergestellt werden. Über die Produktionsmittel verfügten in der Feudalgesellschaft die, die sie bedienten, mochten sie persönlich noch so abhängig oder hörig sein: die Bauern über Boden und Ackergerät, die Handwerker über Werkstatt und Handwerkszeug. Das Kapital nimmt ihnen die feudalen Fesseln, indem es ihnen die Produktionsmittel nimmt. So verfügen sie zwar frei über die eigene Person, nicht aber über die Mittel, sie am Leben zu erhalten.[2] Sie sind gezwungen, ihre Arbeitskraft zu verkaufen — an diejenigen, die sich die Produktionsmittel angeeignet haben. Nicht mehr die Zugehörigkeit zu einer fest gefügten Ständeordnung sorgt für wirtschaftliches Funktionieren, sondern der Gang auf den Arbeitsmarkt, wo die Arbeitskraft gegen einen Lohn getauscht wird, der ihr die Selbsterhaltung gewährleisten soll, während sie als Gegenleistung die Produktionsmittel möglichst gewinnträchtig zu bedienen hat. In dieser Tauschbewegung, dem Arbeitsvertrag, konstituiert sich die bürgerliche Gesellschaft als ein Zusammenhang, der nur aufrechterhalten bleibt, sofern ständig Waren in ihm zirkulieren. Der Motor dieser Zirkulation ist das Kapital. Mit der Verwandlung von Produktionsmitteln

---

1 vgl. K. Marx, Das Kapital, Bd. III, 1951, S. 356 ff.
2 vgl. K. Marx, Das Kapital, Bd. I, 1951, S. 751 ff.

und menschlicher Arbeitskraft in Waren hat es die gesamte Produktionssphäre in Regie genommen. Arbeitsinstrumente, Arbeitskraft, Produkte, Geld — alles das sind nun seine Erscheinungsformen. Das Kapital an sich läßt sich jedoch in keiner dieser Formen fassen, denn es ist nichts Festes und schon gar nichts Sinnliches, sondern jene allgegenwärtige Bewegung, die durch die Gesamtheit dieser Erscheinungsformen hindurchgeht und sie alle miteinander *vermittelt* — etwas höchst Flüchtiges also, und doch höchst umfassend und real. Solange sich allerdings noch die überkommenen bäuerlichen und handwerklichen Produktionstechniken forterben, ist der Kapitalismus noch nicht wirklich etabliert. Die ihm angemessene Produktionsweise ist die maschinelle. Sie erst, mit ihrer gewaltigen Steigerung von Produktionsleistung und Gewinn, bringt das Kapital ganz in sein Element: die reine Produktivität. Nun ist es soweit: Das Kapital schafft nicht mehr nur Arbeitsplätze und erteilt damit den Menschen die Erlaubnis, zu überleben;[3] es bringt durch die Lohnarbeit nicht nur die Konsumgüter hervor; sondern es produziert überdies die Produktionsmittel und damit die gesamten Bedingungen der Produktion — in einem umfassenden Prozeß, der wie eine gewaltige, sich ständig erneuernde creatio ex nihilo anmutet. Das ist befremdlich genug. Ausgerechnet die Gesellschaft, die ihr wirtschaftliches Funktionieren von der Theologie gerade emanzipiert hat, weil sie sich auf menschlichen Vertragsschluß, nicht auf göttlichen Ratschluß gegründet weiß, gerät in den Bann eines Prinzips, das sich wie eine Imitation des christlichen Schöpfergottes ausnimmt? Da kann es nicht ausbleiben, daß ein großer Geist, der die Kraft hat, seine Zeit in Gedanken zu erfassen, einen tiefen inneren Zusammenhang zwischen dem fortgeschrittensten Stand der gesellschaftlichen Entwicklung und der scheinbar erledigten Theologie erahnt. Ihm scheint, daß die moderne Gesellschaft wie von selbst und ohne sich schon darüber klar zu sein, im Begriff steht, das innerste Geheimnis der Theologie zu lüften, das vom kirchlichen Dogma jahrhundertelang strengstens unter Verschluß gehalten wurde. Diese Verschlußkraft hat die Neuzeit gebrochen. Der Gedanke der absoluten Vermittlung verliert seine Anstößigkeit,

---

3 vgl. K. Marx, Kritik des Gothaer Programms, Marx-Engels-Werke, Bd. 19, 1976, S. 15

indem er von der Wirklichkeit eingeholt wird; er wird gesellschaftsfähig, indem die Gesellschaft selber sich ihm zum Fundament legt. So fällt die objektive Hemmung, ihn zu denken, dahin, und er findet seine ebenso hemmungslose wie großartige Entfaltung in Hegels System der Philosophie. Aus dem einstigen Tabu der Theologie ihre Wahrheit hervorzuzaubern und darin zugleich das Wesen der bürgerlichen Gesellschaft beim Schopf zu packen — das ist der geniale Gewaltstreich der Hegelschen Religionsphilosophie.[4]

Als das Unzulängliche an der traditionellen Theologie bemängelt Hegel, daß sie Gott von den Menschen losgelöst und ins Jenseits versetzt habe. Dort soll er als das reine, allerrealste Sein ewig in sich verharren. Doch dieses Jenseits ist ein ausgedachtes Niemandsland. Das reine Sein, das dort angeblich wohnt, ist reine Bestimmungslosigkeit: "das reine Pulsieren in sich selbst"[5]. So kommt Gott in der Wirklichkeit aber gerade nicht vor. Von etwas Bestimmungslosem könnte man nichts wissen. Tatsache ist aber, *daß* die Menschen ein Bewußtsein von Gott haben. Er ist also für die Menschen da — allerdings nur, sofern sie es sind, die ihn denken. Ein menschliches Denkprodukt also? Diesen religionskritischen Gedanken nimmt Hegel zustimmend auf, um ihn sogleich gegen die Religionskritik zu wenden. Sie steht selbst noch auf dem Boden der alten Theologie, gegen die sie anrennt, denn sie teilt deren falsche Voraussetzung: die Jenseitigkeit Gottes. So schlägt sie daneben; was sie trifft, ist nur die Abstraktion, nicht die Wirklichkeit Gottes. Der tut es keinen Abbruch, Denkprodukt zu sein, denn sie *ist* nichts anderes als Beziehung auf den menschlichen Geist, durch dessen Tätigkeit hindurch sie sich entfaltet und konkret wird. Das Ansich Gottes ist das völlig Abstrakte, Bestimmungslose. Wo sich menschliches Denken aber daran macht, Gott zu bestimmen, da ist er längst aus dieser Leere in eine Fülle von Bestimmungen und Konkretionen hinübergetreten. Seine Wirklichkeit besteht nicht *vor* diesem Übertreten — sie gebiert sich vielmehr darin, sie *ist* dieser Übergang: "Gott offenbart sich. Offenbaren heißt ... sich bestimmen, sein für ein Anderes; dies Sichmanifestieren gehört

---

4 Deren reifste Gestalt sind die Vorlesungen über die Philosophie der Religion. Nur sie stehen im folgenden zur Debatte.
5 G.W.F. Hegel, Vorlesungen über die Philosophie der Religion II, Werke Bd. 17, ed. Moldenhauer/Michel, 1969, S. 220

zum Wesen des Geistes selbst. Ein Geist, der nicht offenbar ist, ist nicht Geist." "... Gott ist als Geist wesentlich dies Sichoffenbaren; er erschafft nicht einmal die Welt, sondern ist der ewige Schöpfer, dies ewige Sichoffenbaren, dieser Aktus. Dies ist sein Begriff, seine Bestimmung."[6] Damit verlieren die theologischen Lehrstücke der Zeugung des Sohnes, der Schöpfung der Welt und der Inkarnation Gottes ihre herkömmliche Selbständigkeit gegeneinander. Sie werden in die eine große Bewegung hineingezogen, die sich Offenbarung Gottes nennt. "Das ewige Anundfürsichsein ist dies, sich aufzuschließen, zu bestimmen, zu urteilen, sich als Unterschiedenes seiner selbst zu setzen ... Das Andere ist bestimmt als *Sohn* ..."[7] Die Zeugung des Sohnes von Ewigkeit her ist für Hegel zur ewigen Selbsterzeugung Gottes geworden. Der Sohn ist der Austritt Gottes aus der Leere, ausgedrückt in seiner allgemeinsten, noch unspezifischen Form. Der wirkliche Gang der göttlichen Bewegung ist jedoch ihre eigene Spezifikation. "Es ist am *Sohn*, an der *Bestimmung des Unterschieds*, daß die Fortbestimmung fortgeht zu weiterem Unterschiede, daß der Unterschied sein Recht erhält, das Recht der Verschiedenheit." "So treten wir in die Sphäre der Bestimmung ein, in den Raum und die Welt des endlichen Geistes ... dies ist ein Herausgehen, Erscheinen Gottes in der Endlichkeit ..."[8] Die aber ist erst recht nichts Ansichseiendes, sondern nur das Außersichsein Gottes, "das als solches keine Wahrheit hat ... In Gott selbst ist dieses Jetzt und Fürsichsein das *verschwindende Moment der Erscheinung*. Dies Moment hat nun allerdings diese Weite, Breite und Tiefe einer Welt, ist der Himmel und Erde und deren in sich und nach außen unendliche Organisation."[9] Und wohin verschwindet die Schöpfung? Natürlich nicht irgendwohin in Raum und Zeit. Ihr Verschwinden ist vielmehr das Abstreifen der Endlichkeit, der Übergang ins Geistige. Gott spezifiziert sich zum menschlichen Geist. Doch dieser ist ans Endliche gebunden und selber endlich; die Bewegung Gottes kann folglich nicht anders, als auch noch diese höchste Form der Endlichkeit auf-

---

6 Hegel, Religionsphilosophie II, a.a.O., S. 193
7 a.a.O., S. 242
8 a.a.O., S. 244
9 a.a.O., S. 246

zuheben. Die Religion, die Erhebung des endlichen Geistes zu Gott, ist die Vermittlung Gottes mit sich selbst.

Das Christentum ist die absolute Religion. In ihr gewinnt die göttliche Vermittlung ihre vollkommenste Gestalt, denn hier wird sie nicht nur "für den Standpunkt philosophischer Spekulation ... hervorgebracht ..., sondern in der Form der *Gewißheit* für die Menschen überhaupt ..." Sie erhält "die Form *unmittelbarer sinnlicher Anschauung, äußerlichen Daseins* ... in einem *Diesen*, der zugleich gewußt werde als *göttliche Idee*..."[10] "In der ewigen Idee ist nur *ein* Sohn; so ist es nur Einer, ausschließend gegen die anderen, in dem die absolute Idee erscheint. Diese Vollendung der Realität zur unmittelbaren Einzelheit ist der schönste Punkt der christlichen Religion, und die absolute Verklärung der Endlichkeit ist in ihr zur Anschauung gebracht."[11] Allerdings auf eine sehr unschöne Weise: "Es ist das Los der menschlichen Endlichkeit, zu sterben; der Tod ist so der höchste Beweis der Menschlichkeit, der absoluten Endlichkeit. Und zwar ist Christus gestorben den gesteigerten Tod des Missetäters; nicht nur den natürlichen Tod, sondern sogar den Tod der Schande und Schmach am Kreuze: die Menschlichkeit ist an ihm bis auf den äußersten Punkt erschienen."[12] Weil Gott selbst aber es ist, der sich auf diesen Punkt entäußert hat, so folgt: "Gott ist gestorben, Gott ist tot – dieses ist der fürchterlichste Gedanke, daß alles Ewige, alles Wahre nicht ist, die *Negation selbst in Gott* ist; der höchste Schmerz, das Gefühl der vollkommenen Rettungslosigkeit, das Aufgeben alles Höheren ist damit verbunden."[13] Für die alte Theologie wäre das das Ende gewesen; nicht so für Hegel: "Der Verlauf bleibt aber nicht hier stehen, sondern es tritt nun die *Umkehrung* ein; Gott nämlich *erhält* sich in diesem Prozeß, und dieser ist nur der *Tod des Todes*. Gott steht wieder auf zum Leben: es wendet sich somit zum Gegenteil."[14] Diese frappierende Umkehrung kann freilich nur unter Hegels Voraussetzung gelingen, daß das Ansich Gottes das Nichts ist. Nur was an sich Nichts ist, kann sich vollständig in den Tod geben, sich darin

---

10 a.a.O., S. 274
11 a.a.O., S. 276
12 a.a.O., S. 289
13 a.a.O., S. 291
14 ebd.

erhalten und ungeschoren wieder daraus hervorgehen.[15] Diese Bewegung des Nichts für eine ins ewige Leben auszugeben — das ist Hegels fauler Karfreitagszauber: In Christus offenbart sich der Tod selbst schon als die Auferstehung. "Dieser Tod ist ebenso wie die *höchste Verendlichung* zugleich *das Aufheben der natürlichen Endlichkeit*"[16], folglich "der Übergang zur

15 Das unterschlagen freilich jene Theologen, die die berühmte Stelle vom Tode Gottes zustimmend zitieren, um daran zu demonstrieren, was sie unter Gottes "Menschlichkeit" verstehen: seine Verbundenheit mit den leidenden und sterbenden Menschen (vgl. E. Jüngel, Gott als Geheimnis der Welt, 1977, 2.A., S. 122 ff., 409 ff.; J. Moltmann, Der gekreuzigte Gott, 1972, S. 203, 241 u.ö.). Der Gedanke, daß Gott lebt, auch wenn er tot ist, scheint aus den Klauen der Religionskritik zu befreien und kommt ihnen daher sehr gelegen — allein, sie wollen den Preis dafür nicht zahlen, den Hegel in geistiger Souveränität entrichtet. Sein Nachweis, daß Gott sich nicht als ein separates, absolutes Ansich fixieren läßt, wie die alte Metaphysik es versuchte, schmeckt ihnen wohl; daß jedoch dies jenseitige Ansich Gottes ein leerer Gedanke ist, weil es *die Leere* ist — diese bittere Pille mögen sie nicht schlucken. Hegel ist zu diesem Resultat durch unerbittliche Konsequenz gelangt. Er hat nur bis zum Äußersten entfaltet, was im Begriff der absoluten göttlichen Substanz selbst schon angelegt ist. Kritiker der alten Metaphysik ist er nur als ihr Vollstrecker. Die genannten Theologen hingegen steigen einfach aus. Sie ziehen sich in eine jenseits aller Metaphysik und objektiven Vernunft gelegene Sphäre zurück, die der christliche Gott sich angeblich reserviert hat — ein Reich, wo keine logische Konsistenz, dafür aber eine Fülle von Anthropomorphismen herrscht. Für Moltmann ist Gott an sich gar nichts, wohl aber ist er leidenschaftlich, liebend, interessiert, zürnend, leidend, sich freuend, hoffend (Moltmann, Der gekreuzigte Gott, S. 259 ff., ders., Trinität und Reich Gottes, 1980, S. 38 ff.). So ganz beim Wort soll man diese Eigenschaften allerdings nicht nehmen: "Gott leidet nicht wie die Kreatur aus Mangel an Sein. Insofern ist er apathisch. Er leidet aber an seiner Liebe, die der Überfluß des Seins ist. Insofern ist er pathisch." (Trinität und Reich Gottes, S. 39). So tun, als könne das Leiden zugleich sein eigenes Gegenteil sein, nämlich sowohl Ausdruck des Mangels als auch der Fülle — das ist der Trick, der es möglich macht, das Leiden Gottes gleichermaßen wörtlich wie metaphorisch zu nehmen. Gott leidet wirklich — aber natürlich ganz anders als die Kreatur. Er liebt, zürnt, hofft, freut und interessiert sich wirklich — aber selbstverständlich anders, als Menschen das tun. Wie denn das anders gehen soll, wird nicht gesagt. Um so besser kann man zwischen wörtlicher und metaphorischer Bedeutung jonglieren und Gott lauter menschliche Eigenschaften beilegen, ohne es getan zu haben. Jüngel versucht sogar, dieses Verfahren methodisch abzusichern. Er will sich weder auf einen "dogmatischen" (d.h. wörtlichen) noch auf einen "symbolischen" (d.h. metaphorischen) Anthropomorphismus einlassen und erfindet deshalb eine dritte Art, von Gott zu reden (Jüngel, Gott als Geheimnis der Welt, S. 406 f.), die nichts mehr und damit zugleich alles beim Wort nimmt und so der Theologie ungeahnte neue Möglichkeiten eröffnet: "Denn christliche Rede von Gott steht und fällt eben damit, daß von Gott *als* einem Menschen geredet werden kann, ohne damit nun doch einem 'dogmatischen' Anthropomorphismus zu verfallen. Der christliche Glaube denkt vielmehr gerade darin Gott und die Vergänglichkeit zusammen, daß er Gott als einen Menschen zur Sprache bringt und eben *dabei* 'Gott' sagt, also nicht etwa *statt* von Gott nunmehr vom Menschen zu reden verlangt. Vielmehr gilt es, von Gott als einem Menschen so zu reden, daß *dieser Mensch*, dessen Name *Jesus* heißt, *als Gott* genannt, bekannt und angerufen werden kann." (Jüngel, S. 407) Man sieht: Sobald der Metaphysik der unehrenhafte Abschied gegeben ist, lassen sich die tollsten theologischen Kunststücke vollbringen, denen nur noch gläubiges oder ungläubiges Staunen, aber keine Vernunft mehr zu folgen vermag. Der angeblich christliche Gott, zu dessen Ehre sie geschehen, ist der Hegelsche — abzüglich aller objektiven Bestimmungen: eine Art Proteus, der nach Belieben die verschiedensten Gestalten annehmen kann, ohne noch eine substantiell eigene zu haben. In ihm kehrt ein Stück jener Mythologie wieder, von der der christliche Gott erlösen sollte.
16 Hegel, a.a.O., S. 292 f.

Herrlichkeit, ... die aber nur Wiederherstellung der ursprünglichen Herrlichkeit ist"[17]. Den Tod nur als Abbruch eines endlichen Lebens ansehen, ist der Standpunkt des Unglaubens; der Glaube lehrt den Abbruch als Übergang verstehen, als Zurückschnappen Gottes in sich selbst. Das die Welt versöhnende Sühnopfer ist der Tod Christi dabei allerdings nur insofern, als er in vollkommenster Weise demonstriert, was sich ohnehin und seit eh und je abspielt. Er ist "genugtuend für uns, indem er die *absolute Geschichte der göttlichen Idee*, das, was an sich geschehen ist und was ewig geschieht, darstellt."[18] Sein Opfer macht offenbar, daß der ganze Weltprozeß nichts anderes ist als ein einziges Opfer. Gott entläßt sich in die Natur, "deren höchstes das Reich des Lebendigen ist. Aber das Leben, die höchste Darstellung der Idee in der Natur ist nur dies, sich aufzuopfern ... und zum Geiste zu werden. Der Geist ist dies Hervorgehen vermittels der Natur ..."[19] "Opfer heißt, die Natürlichkeit, das *Anderssein aufheben*."[20] Was im heidnischen Opferritual die Menschen von sich aus herstellen wollten, und was nach christlicher Lehre im historischen Opfer Christi einmalig gelang — nach Hegel findet es von Ewigkeit her statt, ohne daß es eigens veranstaltet werden müßte. Das wahre Opfer *hat* keinen Darbringer und Empfänger; es *ist* sich selbst Darbringer und Empfänger. Es geschieht um keines höheren Zwecks willen, sondern ist sich selbst Zweck. Das Zugrundegehen des Lebendigen *ist* sein Opfer, sein Übergang ins Göttliche, seine Versöhnung, weil in der Aufhebung des Endlichen Gott sich mit sich selbst vermittelt. Diese allumfassende Vermittlung ist die eine Religion, das Christentum nur ihre höchste Stufe. Was Hegel absolute Religion nennt, ist nur die absolute Entfaltung dessen, was immer schon Religion war. Über den primitivsten Fetischismus ragt sie wohl ums Ganze hinaus — aber nur insofern, als sie ihm seinen vollkommensten Ausdruck gibt. Es ist derselbe Gott, der sich in Moloch und Christus offenbart hat — nur in unterschiedener Gestalt. Christi erlösende Tat besteht denn auch lediglich darin, ein für allemal *anschaulich* gemacht zu haben, was die früheren Stufen der Reli-

[17] a.a.O., S. 296 f.
[18] a.a.O., S. 293
[19] a.a.O., S. 248
[20] a.a.O., S. 294

gion noch nicht klar und endgültig herauszubringen vermochten: daß der Weltprozeß selbst die Erlösung ist. Wo das erkannt wird, da tritt "die sinnliche Form in ein geistiges Element"[21] über; die Ausgießung des Heiligen Geistes findet statt. Sie ist unabdingbar für die Menschen: Den vollen Genuß der Erlösung verschafft ihnen erst das Wissen, daß sie schon immer geschieht.

Bei seiner Ausgießung ist der Geist noch unentfaltet. Ihn in seiner ganzen Konkretion auszubreiten, ist die Bestimmung der Gemeinde. Das geschieht vornehmlich in Gestalt der Lehre und der Sakramente.[22] Im entwickelten Katholizismus haben die Menschen an beidem teil; doch "wo zur versöhnenden Macht des Sohnes Maria und die Heiligen hinzukommen und der Geist mehr nur *in der Kirche als Hierarchie*, nicht in der *Gemeinde* ist"[23], da ist er noch nicht ganz in seinem Element; und wo Gemeinde und Welt noch zwei voneinander getrennte Sphären sind, da hat seine vermittelnde Bewegung noch nicht das Ganze vollständig durchdrungen und zusammengeschlossen. "Daß nun die Versöhnung *real* sei, dazu gehört, daß in dieser Entwicklung, in dieser Totalität ebenso die Versöhnung gewußt werde, vorhanden, hervorgebracht sei."[24] "Es ist darum zu tun, daß diese Versöhnung *in der Weltlichkeit selbst* vorgehe."[25] Der Heilige Geist drängt also aufs Ganze. Wo die Gemeinde zum vollen Bewußtsein ihrer selbst gelangt, da wird sie gewahr, daß das Innerste der Religion mit dem Wesen des Staates identisch ist. Der Geist, der die Gemeinde versammelt, gibt sich im Staat nur die konkrete organisatorische Form, der die Realisierung der menschlichen Freiheit bedarf, und wo die Individuen in dieser Weise den Staat begreifen, schließt er sie tatsächlich zur Vereinigung selbstbewußter Subjekte zusammen und macht sie erst wahrhaft zur Gemeinde. Die Vermittlung von Welt und Gott kommt zur Vollendung: "In der Organisation des Staates ist es, wo das Göttliche in die Wirklichkeit eingeschlagen, diese von jenem durchdrungen und das Weltliche nun an und für sich berechtigt ist; denn ihre Grundlage ist der göttliche Wille, das Gesetz des Rechts und der Freiheit. Die wahre

---

21 a.a.O., S. 301
22 vgl. a.a.O., S. 320 ff.
23 a.a.O., S. 301
24 a.a.O., S. 330
25 a.a.O., S. 331

Versöhnung, wodurch das Göttliche sich im Felde der Wirklichkeit realisiert, besteht in dem sittlichen und rechtlichen Staatsleben: dies ist die wahrhafte Subaktion der Weltlichkeit. Die Institutionen der Sittlichkeit sind göttliche, heilige, nicht in dem Sinn, wo das Heilige dem Sittlichen entgegengesetzt wird, wie Ehelosigkeit das Heilige sein soll gegen die Ehe, die Familienliebe, oder freiwillige Armut gegen tätigen Selbsterwerb, gegen das Rechtliche. Ebenso gilt der blinde Gehorsam als Heiliges, aber das Sittliche ist Gehorsam in der Freiheit, freier, vernünftiger Wille, Gehorsam des Subjekts gegen das Sittliche. In der Sittlichkeit ist die Versöhnung der Religion mit der Wirklichkeit, Weltlichkeit vorhanden und vollbracht."[26] Religion und Staat hören somit auf, zweierlei zu sein. Der begriffene Staat *ist* die realisierte Gemeinde, das selbstbewußte Staatsleben *ist* der wahre Kult. Die communicatio idiomatum, die von der göttlichen und menschlichen Natur Christi nur behauptet wurde,[27] wird endlich real: Die Profanisierung der Religion ist die Sakralisierung des Staates.[28]

Wie ausführlich die traditionelle Theologie ihre großen Lehrstücke von der ewigen Zeugung des Sohnes, der Schöpfung, der Menschwerdung und Erlösung auch traktierte, stets stieß sie dabei an eine Grenze: das Mysterium. Warum Gott diese Dinge getan hatte und wie sie hatten vor sich gehen können — das gerade war das Unableitbare, Unbegreifliche. Die Gesamtheit der theologischen Erklärungen gründete in einem Unerklärlichen. Die entscheidende Stelle im durch und durch positiven Lehrgebäude war die Bruchstelle, das Negative. Indem die Theologie sich aber vor dem Mysterium verneigte und ihm das Opfer des Intellekts darbrachte, hielt sie zugleich die Bruchstelle offen

---

26 a.a.O., S. 332 f.
27 s.o. Kap. 3
28 Solange das Bewußtsein der Kirchen der Realität noch hinterherhinkt und sie den Staat noch nicht als ihre wahre Konkretion erkannt haben, tut dieser freilich gut daran, über den Dingen zu stehen und sich gegen die religiöse Beschränktheit liberal und großzügig zu verhalten. "Es ist in der Natur der Sache, daß der Staat eine Pflicht erfüllt, der Gemeinde für ihren religiösen Zweck allen Vorschub zu tun und Schutz zu gewähren, ja, indem die Religion das ihn für das Tiefste der Gesinnung integrierende Moment ist, von allen seinen Angehörigen zu fordern, daß sie sich zu einer Kirchengemeinde halten, — übrigens zu irgendeiner, denn auf den Inhalt, insofern er sich auf das Innere der Vorstellung bezieht, kann sich der Staat nicht einlassen. Der in seiner Organisation ausgebildete und darum starke Staat kann sich hierin desto liberaler verhalten, Einzelheiten, die ihn berührten, ganz übersehen und selbst Gemeinden ... in sich aushalten, welche selbst die direkten Pflichten gegen ihn religiös nicht anerkennen ..." (Hegel, Grundlinien der Philosophie des Rechts, Werke, Bd. 7, 1970, S. 420)

und bewahrte dem Gedanken die Treue, daß die wahre Versöhnung nur das Negative, die unversöhnte Welt Sprengende sein könnte. Damit macht Hegel Schluß. Wer die Welt in einem Mysterium gegründet wähnt, dem fehlt noch die wahre Gotteserkenntnis. Das sogenannte Mysterium ist die Offenbarung. Die Wirklichkeit Gottes ist nichts anderes als das Übergehen in den Sohn, in die Welt und zurück in sich selbst, und diese Bewegung ist zugleich seine Selbstmitteilung, seine Offenbarung – ohne Rest. Das Geheimnis der Welt ist, keines zu haben. Sie ist selbst schon ihre eigene Erklärung und Erlösung. Der Weltprozeß ist das aufgedeckte Angesicht Gottes.

Einen bleibenden Riß oder Bruch gibt es nirgends. Die Wirklichkeit aller Risse besteht vielmehr darin, durch die Bewegung Gottes geschlossen zu werden. Davon ist die menschliche Erkenntnis, dieser geheimnisvolle Übergang von Nichtwissen zu Wissen, nicht ausgenommen. Wo Augustin das glückliche Zusammentreffen der intellektuellen Kräfte zu einer unableitbaren Erleuchtung sah, da leuchtet nach Hegel nur der absolute Geist sich selbst heim. Er ist selbst der Übergang von Nichtwissen zu Wissen, und das menschliche Bewußtsein nur der Ort, wo er stattfindet. So faßt Hegel augustinische Erleuchtungslehre und platonische Wiedererinnerungslehre ineins. Menschliches Wissen ist zwar historisches Resultat, von wirklichen Individuen erarbeitet – und doch ist das Erarbeitete zugleich von Ewigkeit her; Gott selbst ist es, der sich darin vergegenwärtigt als das, was er an sich immer schon war. Was den Individuen als ihre Erleuchtung vorkommt, ist nur die Selbsterinnerung Gottes; was ihnen als ihre eigenste Tätigkeit erscheint, ist in Wahrheit die Tat Gottes. So ist alle menschliche Selbstbestimmung in letzter Konsequenz Schein, und die einzig autonome Tat der Subjekte besteht darin, sich den Schein abzuschminken und die Wahrheit des göttlichen Prozesses unverstellt hervortreten zu lassen. Exemplarisch geschieht das im Hegelschen Gottesbeweis.[29] Solange die Menschen meinen, *sie* vollführten den Beweis der Existenz Gottes, scheitert er. Schlagen sie sich das aber aus dem Kopf und erkennen, daß die Erhebung des endlichen Geistes zu Gott in Wahrheit die Rück-

---

29 vgl. Hegel, Vorlesungen über die Beweise vom Dasein Gottes, Werke, Bd. 17, S. 345 ff.

kehr Gottes in sich selbst ist, so gelingt er, weil Gott selbst ihn führt. Seine Vermittlung mit sich selbst *ist* sein Beweis, und die Menschen samt ihrem endlichen Geist sind nur das edelste Material seiner Realisierung. Dessen innewerden heißt die Versöhnung zu ihrer vollen Konkretion bringen. Erst indem die Subjekte erkennen, daß sie nichts sind als verschwindende Momente in der absoluten Vermittlung, setzen sie sich mit dieser ihrer göttlichen Bestimmung ganz in Einklang. Dieses Wissen erst verschafft ihnen den ungetrübten Genuß Gottes. Die Versöhnung vollendet sich in der vollständigen, unendlich sich genießenden Selbstaufopferung der Subjekte.

Stattfinden soll sie nach Hegels Intention im bürgerlichen Staat — nicht in der bürgerlichen Gesellschaft. Beide hat er deutlich unterschieden. Die Gesellschaft ist das "System der Bedürfnisse"[30], zu dem die Individuen in der Herstellung und Beschaffung ihrer Lebensmittel vereinigt sind. Jeder sorgt darin zunächst für sich selbst; denn jedes Glied der bürgerlichen Gesellschaft ist freie Rechtsperson und damit allein für sich verantwortlich — in erster Linie für das eigene Überleben und Wohlergehen. Weil aber die menschlichen Bedürfnisse keine animalischen mehr sind, sondern sich so weit verfeinert und spezifiziert haben, daß sie nur durch verzweigte Arbeitsteilung und Tausch der Produkte befriedigt werden können, "schlägt die *subjektive Selbstsucht* in den *Beitrag zur Befriedigung der Bedürfnisse aller anderen* um, ... so daß, indem jeder für sich erwirbt, produziert und genießt, er eben damit für den Genuß der Übrigen produziert und erwirbt."[31] Allem Anschein nach geschieht in der Gesellschaft also das Gegenteil der Selbstopferung: die Selbsterhaltung. Einen höheren sittlichen, gar göttlichen Zweck läßt sie nicht erkennen. Zwar wird sie durch allgemeines Recht und Polizeigewalt gewährleistet, funktioniert aber nur, sofern der einzelne praktisch Egoist, d.h. auf sein Eigentum und seinen Vorteil bedacht ist. Diesen Egoismus soll der Staat zur Sittlichkeit läutern. Das tut er aber nicht etwa, indem er ihn vertilgt und etwas anderes an seine Stelle setzt, sondern indem er ihn in das Licht einer höheren Betrachtungsweise hebt und das Recht des Individuums, für sich zu sorgen,

---

30 Hegel, Grundlinien der Philosophie des Rechts, a.a.O., S. 346
31 a.a.O., S. 353

zugleich als Pflicht gegen das Allgemeine erkennen lehrt. "Die Verbindung von Pflicht und Recht hat die gedoppelte Seite, daß das, was der Staat als Pflicht fordert, auch das Recht der Individualität unmittelbar sei, indem es nichts eben ist als Organisation des Begriffs der Freiheit. Die Bestimmungen des individuellen Willens sind durch den Staat in ein objektives Dasein gebracht und kommen durch ihn erst zu ihrer Wahrheit und Verwirklichung."[32] Es ist also die Verfolgung der eigenen Interessen selbst, worin die Hingabe für das Allgemeine Wirklichkeit wird. Man muß das bloß *wissen*, und schon schwindet der Gegensatz von Dürfen und Sollen, von Selbsterhaltung und Selbstaufopferung dahin. Freiheit und Sittlichkeit werden konkret — in dieser Erkenntnis. In ihr vermittelt sich die göttliche Idee des Staates mit dem gesellschaftlichen System der Bedürfnisse. Der Hegelsche Staat erweist sich als das *Selbstbewußtsein* des gesellschaftlichen Egoismus, das ihn in den Stand der Sittlichkeit erhebt und ihn mit einer politischen Verfassung adelt, die ihm seine optimale Entfaltung gestattet, ohne ihn auch nur im geringsten anzutasten.[33] Dennoch ist die gleichzeitige Identität und Unterschiedenheit von Gesellschaft und Staat, von Selbsterhaltung und Selbstaufopferung mehr als bloß die Ausgeburt eines Philosophenkopfes; die Individuen bekommen sie durchaus am eigenen Leibe zu spüren. Was sie zum Egoismus zwingt, ist die Tatsache, daß sie — in Konkurrenz gegeneinander — ihre Arbeitskraft verkaufen müssen. Jeder gelungene Verkauf ist ein Sieg im Konkurrenzkampf, ein Stück gelungener Selbstbehauptung. Der Egoismus erreicht sein Ziel dabei jedoch nur, indem sich das Ego zugleich preisgibt — an die Macht, die den Arbeitsplatz geschaffen hat, die Produktionsmittel bereitstellt und die Zwecke der Produktion vorgibt. Diese Macht ist weder die Gesellschaft noch der Staat, sondern jene allumfassende Bewegung, die beide miteinander vermittelt und den realen Staat zur angemessenen politischen Organisationsform des Wirtschaftsprozesses macht.

Kein Zweifel: Die göttliche Dreieinigkeit, die sich nach Hegel durch die bürgerliche Gesellschaft hindurch im Staat realisieren soll, ist nichts anderes als der theologisch verschlüsselte Aus-

---
32 a.a.O., S. 410
33 vgl. Marx, Kritik des Hegelschen Staatsrechts, Marx-Engels-Werke, Bd. I, 1956, S. 205 ff.

druck für die Bewegung des Kapitals, jener unsichtbaren mysteriösen Macht, die, wie Gottvater, an sich nichts ist, die sich wie er als "Sohn" zur Gesamtheit von Natur und Gesellschaft erzeugt, und die wie der Heilige Geist aus der Fülle der äußeren Erscheinungen wieder ganz in sich zurückkehrt. Auf dem höchsten Stand des gesellschaftlichen Fortschritts tritt somit ein Gott das Regiment an, der all seine Vorgänger übertrifft — an göttlicher Wirklichkeit, weil er sich als das den Gesellschaftsprozeß bestimmende Prinzip tatsächlich beweisen läßt, und an Ungöttlichkeit, weil sich ebenso beweisen läßt, daß er von Menschen gemacht ist. Der Gottesbeweis, an dem die Theologie sich jahrhundertelang vergebens mühte, gelingt, indem er zugleich scheitert: Dieser Gott ist beides — sowohl höchste Realität als auch Schein. Deshalb ist seine Herrschaft so schwer zu brechen. Man wird sie nicht los, indem man ihm den Glauben aufkündigt — man müßte auch den Arbeitsvertrag kündigen, auf den seine Macht sich gründet. Ihr huldigen die Menschen, sobald sie ihre Arbeitskraft als Ware verkaufen; denn indem sie sich so am Leben erhalten, erhalten sie zugleich der Macht das Dasein, die sie dazu zwingt, sich *so* am Leben zu erhalten. Die Beschaffung der Lebensmittel ist damit selbst zum täglichen Gottesdienst geworden, einem Kultus, der sehr wohl auch dann stattfindet, wenn seine durch Gewalt und materielle Not rekrutierte Gemeinde ihn gar nicht als solchen erkennt. Das Opfer, das die göttliche Macht günstig stimmt, wird trotzdem vollzogen. Es besteht im ständigen Verschleiß von Produktionsmitteln, Produkten und menschlicher Arbeitskraft. Im Verschleiß streift das Kapital seine Äußerlichkeit ab. Es kehrt in sich selbst zurück, indem es seine eigenen Erscheinungsformen verzehrt. So speist sich seine Kraft zu neuer, erhöhter Produktivität. Das Kapital ist der erste und einzige Gott, der sich *wirklich* vom Opfer ernährt, der nicht anders kann als verschlingen, um das Verschlungene sogleich wieder in neuer Form und vermehrt von sich zu geben. Diesen Vorgang nennt man wirtschaftliches Wachstum, und jeder Ökonom weiß, daß ohne ihn der Kapitalismus zusammenbräche, wenn er auch nicht weiß, daß alle wirtschaftlichen Maßnahmen, die diesen Zusammenbruch verhindern sollen, magische Veranstaltungen sind, um einen hochempfindlichen Gott bei Laune zu halten, der sich an dem, was er verzehrt und ausspeit, um keinen Preis verschlucken darf. Sobald das nämlich geschieht, gerät der ganze Gesellschaftsprozeß ins Stocken, und fürchterlich ergießt sich der göttliche Zorn über die Menschen: als Wirtschaftskrise. Mit welcher Macht sie auch hereinbrechen mag — stets zeugt sie zugleich von der Ohnmacht dieses Gottes, der, wenn ihm nur gründlich genug die Nahrung entzogen wird, offenbar krepieren muß. Ob er die Menschheit dabei unweigerlich mit hinabzieht, oder ob es ihr noch gelingen kann, seine Herrschaft abzuschütteln — das allerdings ist die Frage, die nur der Ausgang der Geschichte selbst zu beantworten vermag. Der jüngste Tag steht noch aus.

Vorerst freilich schreitet Hegels Version der Versöhnung von Religion und Weltlichkeit voran — konsequent im Sinne seiner systematischen Konzeption, und doch anders, als er persönlich beabsichtigte. Der Staat, den er meinte, sollte gerade keine despotische, die Subjektivität knechtende Macht sein, sondern umgekehrt eine, die durch die Subjekte bewußt hervorgebracht und frei bejaht wird: das den Egoismus der bürgerlichen Gesellschaft zähmende sittliche Band, ein Gefüge des Ausgleichs und der Liberalität. Daß daraus nichts werden konnte, liegt auf der Hand; bedeutet doch die bewußte, freie Bejahung des Staates für die wirklichen Subjekte nichts anderes als ihre freiwillige Selbstpreisgabe. Was der Staat als ein fremder Wille ihnen nicht antun darf, sollen sie sich selbst antun und dabei ihren subjektiven Willen als den objektiven göttlichen Staatswillen ansehen, der sich durch ihr Denken und Handeln hindurch mit sich selbst zusammenschließt. So verschwindet wohl der unmittelbare äußere Despotismus des Staates — aber nicht überhaupt, sondern nur in einen durch die Subjekte vermittelten, von ihnen verinnerlichten. Diese Verinnerlichung erklärt Hegel für den entscheidenden Schritt der Menschheit in die konkrete Sittlichkeit, die Versöhnung von Gott und Welt. Das tut er just in jener einschneidenden Epoche der industriellen Revolution, wo es allenthalben zum eigensten Interesse und zur freiwilligen Tat der Individuen wird, sich um ihrer Selbsterhaltung willen selbst zu verkaufen und ihren eigenen Willen in jenen allgemeinen Willen zu schicken, der durch Arbeitskräfte, Produktionsmittel und Produkte gleichermaßen hindurchgeht und sie zur Zirkulation von Waren zusammenschließt. Das ist die Versöhnung von Allgemeinem und Besonderem, Religion und Weltlichkeit, auf die Hegels philosophischer Idealismus in der Wirklichkeit hinausläuft: Sie vollendet sich in der alles mit allem vermittelnden Bewegung des Kapitals — nicht im preußischen Ständestaat, den er subjektiv vor Augen hatte. Die realisierte Gemeinde erweist sich somit als das Schreckbild einer Menschheit, die sich in der alles umfassenden und durchdringenden Bewegung des Kapitals als dem "Gang Gottes in der Welt"[34] geeint weiß und in ihrer göttlichen Bestimmung, Träger der Ware Arbeitskraft zu sein, ganz aufgeht. In diesem Geist verbunden, werden die Individuen gewahr, daß die Verausgabung und der Verschleiß ihrer Arbeitskraft offenbar gar nicht ihre eigene Tat ist, sondern der Selbstverzehr des Kapitals, und in diesem Wissen können sie das Verzehrtwerden durch die tägliche Mühsal als das Eingehen in die göttliche Herrlichkeit der reinen Produktivität schon zu Lebzeiten — und nur zu Lebzeiten — genießen. Das wahre Opfer geschieht nicht listig um höheren Lohnes willen — es ist sich selbst schon der Lohn. Es will nichts erlangen als seine eigene Fortsetzung, und die göttliche Macht willfährt diesem Wunsch, solange sie irgend kann, denn es ist ihr eigener; sie darf in ihrer Bewegung, die die Menschen gleichermaßen erhält wie verschleißt, um nichts in der Welt stille stehen.

5. Die Wiederkehr des dritten Menschen

Was in Wirklichkeit nur der Motor des kapitalistischen Produktionsverhältnisses ist, hat Hegel zum Motor des gesamten Weltprozesses verabsolutiert — als sei das Weltganze immer schon auf die unheilvolle Versöhnung von Religion und Weltlichkeit angelegt gewesen, die sich in der Bewegung des Kapitals zu vollenden droht. Diese Verabsolutierung ist unhistorisch und dennoch ein Zeugnis historischen Weitblicks. Sie nimmt geistig vorweg, was in den fortgeschrittensten Ländern seither zunehmend in die Wirklichkeit tritt. Zu Anfang des 19. Jahrhunderts genossen Kultur, Wissenschaft und Privatleben noch eine relative Unabhängigkeit von der Kapitalbewegung, waren zwar nicht unbe-

---

34 Hegel, Grundlinien der Philosophie des Rechts, S. 403

rührt davon, aber noch längst nicht mit der gleichen Intensität in ihren Sog gezogen wie in der Gegenwart, wo mit den Privatvermögen auch die Privatgelehrten und Schöngeister aussterben, wo die Familie längst aufgehört hat, ein Schonraum gegenüber der Gesellschaft zu sein, wo Kultur zum Material einer groß angelegten Unterhaltungsindustrie geworden ist und Lehre und Forschung sich dem Diktat wirtschaftlicher Rentabilität kaum noch entziehen können. Angesichts der Entwicklung, die die bürgerliche Gesellschaft seit Hegel faktisch genommen hat, gewinnt sein gnadenloses, hermetisch geschlossenes System den Charakter einer gigantischen prophetischen Unheilsbotschaft.[1] Zu ihrer Einlösung tragen bevorzugt solche Denker bei, die sich in der Sicherheit wiegen, das Hegelsche System längst überwunden zu haben und sich auf ganz neuen Wegen der Erkenntnis zu befinden.

In dem Land, wo zu Anfang des 20. Jahrhunderts der technische Fortschritt atemberaubende Geschwindigkeit annimmt, scheint sich auch in der menschlichen Erkenntnis ein einschneidender Fortschritt zu vollziehen – durch eine originelle Synthese traditioneller Philosophie mit den Errungenschaften biologischer und psychologischer Forschung. "Gegen Ende des letzten Jahrhunderts schien kein Wissen sicherer zu sein als die Lehre von der biologischen Evolution." "Daraus schien zu folgen, daß nicht nur der menschliche Organismus, sondern auch der ganze geistige Prozeß innerhalb der evolutionären Entwicklung interpretiert werden müsse ... und aus dem Zusammenspiel von Organismus und Umwelt entstanden sei."[2] Dies Zusammenspiel zu ergründen und daraus gleichermaßen die Entstehung des menschlichen Geistes wie die der Gesellschaft herzuleiten, ist das anspruchsvolle Programm George Herbert Meads. Es richtet

---

1 Aller großen Prophetie haftet ein Moment von Zweideutigkeit an: Geschieht die Ankündigung des Unheils wirklich, damit es um so sicherer eintreffe, oder um es im letzten Moment doch noch abzuwenden? Das läßt sich schon für Amos und Jesaia nicht immer klar entscheiden. Und Hegel? Hat er die absolute Vermittlung vielleicht deswegen als die vor nichts Halt machende, alles niederwalzende Macht der Versöhnung dargestellt, damit sie als die höllische Fratze der Versöhnung offenbar werde und die Menschen ihren Bann brechen? Ist sein philosophisches System vielleicht so gnadenlos um der Gnade willen? Freilich, es gibt keinen gesicherten Anhaltspunkt dafür, daß Hegel so etwas beabsichtigte. Und doch ist die antizipative Kraft, die Wirklichkeit als das System zu fassen, das sie erst zu werden droht, noch einmal Ausdruck einer Freiheit, die im System selbst zur nichtigen Illusion absinkt.

2 Ch.W. Morris, George H. Mead als Sozialpsychologe und Sozialphilosoph, Einleitung in: George H. Mead, Geist, Identität und Gesellschaft, 1968, S. 13

sich gegen alle Varianten des philosophischen Idealismus, der die Konstitution der physischen und sozialen Welt stets aus Geistigem oder Ideellem erklärt, während sich doch herausgestellt hat, daß der menschliche Geist ein spätes Resultat der Naturgeschichte ist und ein übermenschlicher sich nicht beweisen läßt. Um zu verstehen, was Geist ist, muß man mit seinen physischen Voraussetzungen beginnen. Man nehme z.B. zwei kämpfende Hunde. "Die Handlung jedes der beiden Hunde wird zum Reiz, der die Reaktion des anderen beeinflußt."[3] Knurren, gesträubte Haare, geduckte Haltung sind physische Signale, entweder auch zu knurren, die Haare zu sträuben und sich zu ducken, oder sogleich anzugreifen oder zu fliehen. Solche sich gegenseitig provozierenden Signale oder Reize nennt Mead "Gesten"[4]. Tiere wirken durch Gesten aufeinander ein, ohne eine Bedeutung mit ihnen zu verbinden. Dem Menschen hingegen, der erkennt, wie sie sich aufeinander beziehen, erscheint ihr Zusammenspiel, obwohl nach physiologischen Gesetzen ablaufend, als wechselseitige Mitteilung und damit als Vorform menschlicher Verständigung. Nicht abwegig daher der Verdacht, daß in die Mitteilungskraft der Geste das Geheimnis des menschlichen Geistes eingesenkt sei.

Dies Geheimnis trachtet Mead zu lüften. Dabei steht er vor der Schwierigkeit, daß Gesten vieldeutig sind. Die Angriffspose des Hundes kann den andern Hund zum Gegenangriff oder Ausweichen, zur Flucht oder Unterwerfung veranlassen. "Die Übermittlung von Gesten enthält kein Symbol, das für alle betroffenen Individuen eine universale Bedeutung hätte."[5] Eine solche macht jedoch erst das Spezifische menschlicher Kommunikation aus. Wie werden nun aber aus diffusen Gesten signifikante Gesten oder Symbole, die für alle, die sie verwenden, das gleiche bedeuten? Nach Mead ist nur die vokale Geste in vollem Maß zu dieser Verwandlung fähig. Während ein Lebewesen die sichtbaren Signale, die es gibt, selber entweder überhaupt nicht oder aus anderer Perspektive wahrnimmt als andere Lebewesen, hört es die Laute, die es artikuliert, ebenso wie die andern in seiner Umgebung. "Wenn der Spatz den Ton des

[3] George H. Mead, a.a.O., S. 81
[4] a.a.O., S. 81 ff.
[5] a.a.O., S. 94

Kanarienvogels verwendet, dann löst er in sich selbst die gleiche Reaktion aus wie die, die der Ton des Kanarienvogels auslöste."[6] Das ist offenbar die heiße Spur. "Wir wenden uns unbewußt so an uns, wie sich andere an uns wenden; ebenso wie der Spatz den Ton des Kanarienvogels aufnimmt, passen wir uns den uns umgebenden Dialekten an."[7] "Die Bedeutung des vokalen Reizes gründet also in der Tatsache, daß der Einzelne das von ihm Gesagte hören kann und in diesem Prozeß dazu neigt, ebenso wie die andere Person zu reagieren."[8] Diese Neigung ist nach Mead typisch menschlich. "Wir lösen ständig, insbesondere durch vokale Gesten, in uns selbst jene Reaktionen aus, die wir auch in anderen Personen auslösen"[9], und wenn dabei der Punkt erreicht ist, wo "der Reiz so beschaffen ist, daß er sich auf das sprechende Individuum ebenso auswirkt wie auf andere"[10], dann ist die Geste zum signifikanten Symbol geworden: Sie *bedeutet* etwas – und zwar für jeden, der sie verwendet, das gleiche. Diese Übereinstimmung ist eine gesellschaftliche Leistung. In sich dieselbe Reaktion auslösen wie in den anderen heißt, sich in die anderen hineinversetzen und sich ihre Reaktion zu eigen machen. Wenn das wechselseitig geschieht, dann werden mit der Zeit bestimmte Reaktionen zu gemeinsamen Errungenschaften, die jedes Individuum einer Gruppe oder Gesellschaft als "Haltungen" oder "organisierte Reaktionsgruppen"[11] in sich aufnimmt. "Dieses Hereinnehmen-in-unsere-Erfahrung dieser äußerlichen Übermittlung von Gesten, die wir mit anderen ... Menschen ausführen, macht das Wesen des Denkens aus."[12] Das war also schon die Lösung. "Wenn man ... den gesellschaftlichen Erfahrungsprozeß ... als dem Auftreten des Geistes zeitlich vorausgehend sieht und die Ursprünge des Geistes durch das Zusammenspiel zwischen Personen innerhalb dieses Prozesses erklärt, so ist nicht nur der Ursprung des Geistes, sondern auch das Zusammenspiel zwischen geistigen Wesen ... nicht mehr rätselhaft oder wunderbar. Geist entsteht aus der Kommunikation durch Übermittlung von

6 a.a.O., S. 102
7 a.a.O., S. 108
8 a.a.O., S. 109
9 a.a.O., S. 108
10 ebd.
11 a.a.O., S. 204
12 a.a.O., S. 86

Gesten innerhalb eines gesellschaftlichen Prozesses oder Erfahrungszusammenhanges — nicht die Kommunikation durch den Geist."[13]

Meads Versuch, den philosophischen Idealismus zu überwinden, beruht auf einem einfachen Trugschluß: Weil physische Reize physische Reaktionen auslösen, seien sie auch in der Lage, Geist hervorzubringen. Nun ist es wohl richtig, daß akustische Signale älter sind als menschliche Sprache, falsch aber, daß sie deshalb die Erzeuger der Sprache seien. "Blah" bleibt die sinnlose Silbe, die sie ist, auch wenn sie unzählige Male von beliebig vielen Menschen und Kanarienvögeln wiederholt wird. Ebensowenig wie Holz aus eigener Kraft zum Tisch wird, vermag ein Laut aus eigener Kraft eine Bedeutung anzunehmen. Er kann lediglich in den Dienst einer Bedeutung treten: als akustisches Zeichen für etwas Geistiges, als Material eines Begriffs. Dann aber ist das Geistige nicht sein Produkt, sondern dasjenige, was ihn aus einem sinnlosen Laut in ein bedeutsames Zeichen verwandelt. Der Geist ist Grund dieser Verwandlung, nicht ihr Resultat. Mead wiederholt den Fehler, an dem jeder Versuch krankt, denkend das Denken herzuleiten: Das zu Beweisende ist im Beweisgang schon vorausgesetzt. Selbstverständlich reagiert der menschliche Geist auf Reize; aus sinnlichen Eindrücken unsinnliche Begriffe zu formen, ist sogar seine eigenste Tätigkeit. Aber in dieser Weise reagieren kann er nur, weil er schon da ist. Er ist ebensowenig Produkt von Reizen wie das Fieberthermometer Produkt von Fieber.

Der Eindruck, daß der menschliche Geist sich aus der Wechselwirkung von Reizen und Reaktionen erklären lasse, kann nur unter einer Voraussetzung entstehen: "Man gestatte mir, hier die Frage, was Bewußtsein eigentlich sei oder ob die Vorgänge im Gehirn mit dem Bewußtsein gleichgesetzt werden können, auszusparen. Sie ist keine psychologische Frage."[14] "Aber wir wollen hier logische und metaphysische Probleme meiden, genauso wie die moderne Psychologie es tut."[15] Für besagte Psychologie — es handelt sich um die behavioristische — existiert Geist nur so weit, wie er sich in empirischen Verhaltens-

---

13 a.a.O., S. 89
14 a.a.O., S. 146
15 a.a.O., S. 168

weisen, sogenannten Attitüden oder Haltungen äußert. Ausgeblendet wird, was solche Haltungen möglich macht: Wille, Gedächtnis, Begriffsvermögen sind selbstverständlich keine Haltungen, sondern die Bedingung dafür, daß sich Menschen als vernünftige Lebewesen verhalten können. Ferner gelangen sie zu konkreten Einsichten zwar nur, wenn sie sich denkend verhalten, aber diese Einsichten selbst sind Resultate von Denken — etwas, *wozu* man sich verhält, nicht Haltung. Zu einer logischen oder moralischen Regel kann man sich zustimmend, ablehnend, zweifelnd, erklärend oder sonstwie verhalten; sie selbst ist objektivierter Geist, nicht Verhalten. Die Verkürzung von Geist auf Verhalten gestattet Mead, Reiz und Reaktion zu Geist und Gesellschaft zu verlängern. Weil Menschen dazu neigen, in sich dieselben Reaktionen auszulösen wie in anderen, verbinden sich die Gesten, die sie austauschen, allmählich fest mit bestimmten Reaktionsgruppen oder Haltungen: bestimmten Bedeutungen, Gewohnheiten und Regeln, die von allen Individuen einer Gruppe verinnerlicht werden und in ihr daher allgemein gelten. Dies Geflecht von Haltungen, das die einzelnen überhaupt erst zu vollwertigen Mitgliedern der Gruppe oder Gesellschaft macht, heißt der "verallgemeinerte Andere"[16]. Sein Inhalt läßt sich nie genau fixieren; die vielfältigen Einflüsse, deren Produkt er ist, hören nicht auf, ihn ständig zu verändern. Eine Gesetzmäßigkeit, nach der diese Veränderung stattfindet, existiert nicht, denn alle gesellschaftlichen Gesetzmäßigkeiten sind selbst bloß Haltungen, und eine Haltung der Haltungen kann es nicht geben. So ist es unmöglich, daß das Geflecht der Haltungen, aus dem der verallgemeinerte Andere besteht, durch ein logisches Prinzip organisiert oder auf ein vernünftiges Ziel ausgerichtet ist; es ist im Laufe der Zeit wie ein Dschungel zusammengewachsen und "wird desto komplizierter, engmaschiger und auch höher organisiert, je weiter die gesellschaftliche Evolution des Menschen fortschreitet"[17]. Der Antrieb dazu liegt in den Individuen. In ihnen steckt nicht nur der verallgemeinerte Andere, sondern auch die Fähigkeit, auf ihn zu reagieren — eine Fähigkeit, die "niemals ganz berechenbar ist" und gerade daher "das Gefühl

---

[16] a.a.O., S. 194
[17] a.a.O., S. 359

der Freiheit, der Initiative"[18] mit sich bringt. Erst in der unvorhersehbaren Reaktion auf den verallgemeinerten Anderen konstituiert sich das Selbst eines Menschen: Es besteht und verwirklicht sich in der permanenten Veränderung seiner selbst — und damit der Gesellschaft, die auch nichts anderes ist als die permanente Veränderung ihrer selbst. "Wir wissen, daß der Wechsel von einer historischen Periode zu einer anderen fundamentale Veränderungen mit sich bringt, wir wissen auch, daß diese Veränderungen auf die Reaktionen einzelner Persönlichkeiten zurückzuführen sind", nämlich "auf die Gesten jener zahllosen Individuen", "die tatsächlich die sie umgebende Situation ändern, obwohl die spezifischen Veränderungen so geringfügig sind, daß sie von uns nicht identifiziert werden können."[19] Der historische Prozeß *ist* nicht nur dieser regel- und ziellose Wandel seiner selbst; er *soll* auch nichts anderes sein: "Die Idealgesellschaft würde die Menschen so eng zusammenbringen, das notwendige Kommunikationssystem so voll entwickeln, daß die einzelnen Menschen, die ihre spezifischen Funktionen ausfüllen, die Haltung der von ihnen beeinflußten Menschen übernehmen könnten."[20] "Das wäre die ideale Kommunikation, ein Ideal, das ... überall dort erreicht wird, wo das Gesagte verstanden wird."[21]

Meads symbolischer Interaktionismus steht auf dem Boden des Nominalismus, jener philosophischen Richtung, die den menschlichen Geist für unfähig hält, ins Wesen der Dinge einzudringen und es objektiv auszudrücken, daher das begriffliche System, durch das die Menschen die Dingwelt bezeichnen und sich über sie verständigen, als eine Kombination von erfundenen Namen und Regeln auffaßt, auf die man sich allgemein geeinigt hat. Und wie kann man sich auf ein begriffliches System einigen, ohne sich eines begrifflichen Systems bereits zu bedienen? Vor dieser Frage mußte der Nominalismus verstummen; Mead aber weiß Rat: Lebewesen sind durch Reize aufeinander bezogen. An sich haben weder Reiz noch Reaktion eine Bedeutung. Wie aber, wenn die Beziehung, die zwischen beiden besteht, ihnen mit der Zeit eine verschafft? Das ist Meads Pointe: Was die

18 a.a.O., S. 221
19 a.a.O., S. 246 f.
20 a.a.O., S. 376
21 ebd.

Dinge selbst nicht können, vermag der Prozeß zwischen ihnen. Ihm, der nur die sie vermittelnde Bewegung ist, soll die schöpferische Potenz eignen, die ihnen abgeht. Die bloße Wechselseitigkeit zwischen Bewußtlosem soll der Stifter von Bewußtsein, die plan- und ziellose Kommunikation zwischen Reizen der Quell des Geistes und einer organisierten menschlichen Gesellschaft sein.

Daß die Herleitung des Geistes, der an sich etwas ist, aus der Relation von Geistlosem, die an sich nichts ist, nicht allgemein als der Widersinn erkannt wird, der sie ist, sondern als schulbildende Pioniertat gilt, die ein neues, nämlich das kommunikative Modell von Vernunft etabliert habe[22], zeugt von der verblendenden Gewalt, die die wirkliche, den Gesellschaftsprozeß bestimmende Relation des Kapitals aufs Bewußtsein ausübt. Als Motor fortgesetzter Produktion von erhöhter Produktivität erzeugt sie die Illusion, Relationen könnten ein eigenes, mit Schöpferkraft gesegnetes Sein neben den durch sie verbundenen Relata haben. Ein solches Erzeugnis ist der Glaube an die schöpferische Potenz des Kommunikationsprozesses. Er ist unablösbar vom Siegeszug des Rundfunks, der, während Mead seine Kommunikationstheorie entwirft, das ganze Land mit einem Kommunikationsnetz zu überziehen beginnt. Damit die vokalen Gesten, die die Sendestation ausstrahlt, auf Resonanz stoßen, muß der für die Sendung Zuständige sich in der Tat in die Empfänger versetzen und sein Programm auf ihre Bedürfnisse abstimmen. So entsteht eine hohe Einschaltquote, aber nicht menschlicher Geist. Die Kraft, mit der das neue Medium das Bewußtsein zu wandeln vermag, verführt zu dem Trugschluß, schon die Entstehung des Geistes sei eine Art Sendeerfolg. Der symbolische Interaktionismus ist das zur Erkenntnis- und Gesellschaftstheorie erhobene Bewußtsein des Programmdirektors. Dessen Erfolg hängt von den Gesetzen ab, die den Wirtschaftsprozeß bestimmen: Sendungen sind Waren und müssen optimal verkauft werden — was nur gelingt, wenn man die mutmaßliche "Haltung" der Kundschaft einnimmt und die Ware entsprechend präpariert. Das heißt, "daß der Wirtschaftsprozeß so beschaffen sein muß, daß sich das Individuum mit dem potentiellen Kun-

---

22 vgl. J. Habermas, Theorie des kommunikativen Handelns, Bd. 2, 1981, S. 9 ff.

den zu identifizieren vermag, ... da es ständig Kommunikationsmittel für den Kontakt mit diesen Individuen entwickeln muß ..."[23] "Will man den Wirtschaftsprozeß erfolgreich abwickeln, so muß man zum anderen Individuum in immer engere Beziehung treten, sich nicht nur mit den jeweiligen Gütern identifizieren, sondern herauszufinden versuchen, was der andere wünscht und warum das der Fall ist, welche Zahlungsbedingungen gewährt werden, wie die gewünschten Güter beschaffen sein müssen usw. Man muß sich mehr und mehr mit ihm identifizieren."[24] Gelungene Kommunikation und gelungener Warentausch sind eins — sowohl Erzeuger des Geistes, der Gesellschaft, des Wirtschaftswachstums, als auch Ziel des Erzeugten: Der Kommunikationsprozeß intendiert nichts als die Expansion seiner selbst, erstrebt nichts als daß überall "das Gesagte verstanden wird"[25], was immer auch sein Inhalt sei, und hätte diesen Zustand, das "universale Gespräch"[26], im universalen Warentausch erreicht.[27]

Die kommunikative Erklärung der Welt ist ebenso wie die Hegelsche ein Echo auf die vermittelnde Bewegung des Kapitals; doch dünkt sie sich Hegel weit überlegen, weil sie nicht, wie er, dogmatisch ein Absolutes voraussetzt, das sich zum Weltprozeß auswickelt, sondern empirisch vorgeht und von überprüfbaren Resultaten der Physiologie und Psychologie aus zur Prozessualität von Geist und Gesellschaft vordringt. Allerdings besteht Meads empirische Methode darin, den Verzicht auf alle metaphysischen Erörterungen zu beteuern, sodann eine Lösung für das metaphysische Problem schlechthin, die Entstehung des Geistes, zu präsentieren und so zu tun, als sei es gar keines und lasse sich rein empirisch bewältigen. Voraussetzung dafür ist die Verkürzung von Geist auf Verhalten. Es geht nur noch um die Wechselbeziehung sich zueinander verhaltender Lebewesen,

23 G.H. Mead, a.a.O., S. 345
24 a.a.O., S. 346
25 a.a.O., S. 376
26 ebd.
27 So ist Mead ein Musterfall jenes "Freihändler vulgaris", der "Anschauungen, Begriffe und Maßstab für sein Urteil über die Gesellschaft des Kapitals und der Lohnarbeit" der "Sphäre der einfachen Zirkulation oder des Warentausches" entlehnt und daher im Kapitalismus "ein wahres *Eden der angebornen Menschenrechte*" entdeckt, wo "freie, rechtlich ebenbürtige *Personen*" "das Werk ihres wechselseitigen Vorteils, des Gemeinnutzens, des Gesamtinteresses" vollbringen — unter beharrlicher Absehung von der materiellen Basis dieses Eden: dem Zu-Markte-Tragen der Ware Arbeitskraft als der Quelle des Mehrwerts (K. Marx, Das Kapital, Bd. I, a.a.O., S. 184).

wie sie dem Beobachter erscheint, und Geist gilt nur noch als ein etwas höher organisiertes Produkt dieser Wechselbeziehung, das in nichts über die Erscheinungswelt hinausragt. Mit Vermittlung ist nicht mehr die von Materiellem mit Ideellem oder von Natur mit Geist gemeint, die in den Dingen selbst stattfindet, sondern nur noch die von Physischem mit Physischem, die den Dingen äußerlich ist und nur ein Drittes neben ihnen sein kann. Vernünftigerweise müßte auch dies Dritte etwas Physisches sein, etwa die Luft, deren Durchlässigkeit den Austausch akustischer oder optischer Signale gestattet, oder der Äther, der zwischen Sender und Empfänger vermittelt. Doch der Empiriker Mead löst von diesen physikalisch bestimmbaren Medien etwas höchst Unbestimmtes ab: das reine äußere Bezogensein der Dinge aufeinander, die leere Wechselseitigkeit zwischen ihnen, und diese Relation, die nur fürs abstrahierende Denken besteht, verselbständigt er zu einem eigenen Sein, indem er ihr die Zauberkraft zuschiebt, den Geist hervorzubringen. So erscheint die Vermittlung als das Dritte, das von der gleichen Seinsart sein soll wie die empirischen Lebewesen, zwischen denen es vermittelt – und zugleich der Sitz einer übersinnlichen Kraft, die keinem Sinnenwesen eignet und im biblischen Mythos nicht von ungefähr als der göttliche Hauch vorgestellt wird, der dem Menschen den Lebensodem eingibt (Gen 2,7).

Der symbolische Interaktionismus ist nicht die Überwindung des absoluten Idealismus, sondern seine schlechte Kopie. Hegels Philosophie war, wie gezeigt wurde, die Quintessenz einer Metaphysik, die begriffen hatte, daß die Vermittlung von Ideellem und Materiellem nicht in ein Drittes fallen dürfe, die aber, weil sie das Ideelle als das an sich Substantielle und das Materielle als das im Prinzip Nichtige auffaßte, gezwungen war, den Inbegriff des Ideellen, das Absolute, selbst als das Subjekt der Vermittlung anzusehen, womit sie vor der Konsequenz stand, daß das Absolute, die göttliche Substantialität, sich in eine absolute Relation auflöst: von Nichts mit Nichts. Dieser Konsequenz, die sich schon in der antiken Lehre von der göttlichen Dreieinigkeit abzeichnet, hat Hegel die Gestalt eines philosophischen Systems gegeben, worin das Absolute, das für die Metaphysik die ewige, unwandelbare Faktizität Gottes war, sowohl vorausgesetzt als auch hergeleitet wird: Als das reine Sein ist es einerseits das völlig Unbestimmte und insofern Nichts, andrerseits das sich selbst Bestimmende und insofern absoluter, sich entfaltender und mit sich zusammenschließender Prozeß. Oder in der Sprache der Religionsphilosophie: Als Vater ist Gott reines, unbestimmtes Sein, also Nichts; sofern er sich aber zum Sohn bestimmt und als Heiliger Geist in sich zurückbiegt, ist er konkrete Totalität. Die absolute Vermittlung, als die Hegel die Wirklichkeit faßt, ist zwar Ausdruck der vermittelnden Bewegung des Kapitals — aber einer, der die ganze abendländische Metaphysik in sich aufgesogen hat und, indem er sie als System der Selbstbewegung Gottes darstellt, den metaphysischen, göttlich-ungöttlichen Charakter der Kapitalbewegung ebenso verklärt wie reflektiert. Der kommunikative Prozeß hingegen, den Mead zum Stifter des menschlichen Geistes, der Gesellschaft und aller Humanität erhebt, ist ein Absolutes, das keines sein soll, ein metaphysisches Konstrukt wider Willen, ein Gott, der als solcher nicht erkannt wird und zudem blind ist. Er ist der Motor der ziellosen Veränderung seiner selbst, und die Menschen sind seine Abbilder: Ihre Fähigkeit, sich denkend aufs eigene Denken zu beziehen, die Augustin als Fähigkeit zur Gottesebenbildlichkeit begriff, ist verkürzt zur permanenten Reaktion der Individuen auf sich selbst, mit der sie sich ständig an eine sich ständig verändernde Gesellschaft anpassen,[28] und das Moment unableitbarer Erleuchtung, ohne das Erkenntnis nicht zustandekommt, aufgespreizt zur grundsätzlichen Unberechenbarkeit aller gesellschaftlichen und persönlichen Entwicklung. Unbedingt und sicher ist nur der Wandel selbst; weder in der Gesellschaft als ganzer noch in den Individuen gibt es etwas Beharrliches, woran er sich vollzieht. Die Menschen sind ohne Ich-Substanz. Ihr Selbst ist, keines zu haben; es ist nichts als der stete Wandel seiner selbst. Ihre Gottesebenbildlichkeit ist ihre Subjektlosigkeit.

Die subjektlose Blindheit, mit der der Kapitalprozeß in der Wirklichkeit voranschreitet, war von Hegel zum göttlichen Sub-

---

28 Ihr Ich besteht aus einem "Me", dem reinen Verändertwerden, und einem "I", dem reinen Verändern (S. 216 ff., vgl. auch S. 442), und ist als Einheit beider reine Veränderung: das traute Beieinandersein dreier Relationen, die an nichts haften und sich als Wandel von nichts zu nichts wie der schlechte irdische Abklatsch der in drei absolute Relationen zusammengesunkenen göttlichen Trinität ausnehmen, von der sich das mit sich übereinstimmende Selbstbewußtsein gerade unterscheidet.

jekt eines allumfassenden philosophischen Systems sublimiert worden. Mead bringt sie unsublimiert zum Ausdruck, aber auch unbegriffen: Sie schlägt sich als Verblendung nieder. Die kommunikative Interaktion, eine Relation, wird für einen konsistenten Gegenstand von Wissenschaft, also etwas Substantielles erachtet; dieser Gegenstand wird ferner für ebenso empirisch gehalten wie die Dinge, zwischen denen er vermittelt; schließlich wird die ihm zugeschriebene Fähigkeit, aus seiner geistlosen Leere die Fülle des menschlichen Geistes und einer organisierten Gesellschaft zu gebären, als Resultat empirischer Forschung ausgegeben und allen Ernstes geglaubt, damit sei endlich die kommunikative Struktur der Vernunft entdeckt, die von der Metaphysik und ihren empirisch nicht überprüfbaren Unterscheidungen von Substanz und Akzidens, Wesen und Erscheinung, Subjekt und Objekt erlöse. Daß dieser Glaube selbst nur der Verwechslung zweier metaphysischer Grundbegriffe, Substanz und Relation, aufsitzt, wird nicht mehr als störend empfunden, denn diese Verwechslung scheint die Realität auf ihrer Seite zu haben: die Kapitalbewegung, die nichts ist als eine Relation und dennoch die permanente Produktion erhöhter Produktivität, auch wirtschaftliches Wachstum genannt, ermöglicht. So kann ein ganz gewöhnlicher Denkfehler in den Rang eines neuen, zukunftsträchtigen Denk*modells* aufsteigen, das Metaphysik veraltet erscheinen läßt.

Doch im neuen, kommunikativen Denkmodell dämmert Ältestes herauf. In der Überzeugung, Vermittlung sei ein konsistentes Drittes neben den Vermittelten, kehrt Metaphysik in ihrer trübsten Gestalt zurück: als Mythos. Die mythische Welt stellt sich dar als ein Verhängnis, dem nicht nur die Menschen unterstehen, sondern auch ihre Götter, die zwar als unsterblich und übernatürlicher Dinge fähig gelten, den Menschen an Unberechenbarkeit und Intriganz aber nicht nachstehen und ebenso wie sie in zahllose Zwänge verstrickt sind. Sie alle gehorchen dem Walten einer höheren Notwendigkeit, die selbst ebenso unerforschlich wie blind ist und in deren Bann sich der Unterschied von Göttlichem und Menschlichem verwischt: das Schicksal. Im Bemühen, diesen Bann zu brechen, erwachte die abendländische Philosophie; daher die Suche nach dem wahren, beständigen Sein, das der verwirrenden Fülle der Naturerscheinungen nicht angehört, sondern zugrundeliegt, das dem menschlichen Denken und Handeln objektiven Halt zu geben vermag und es nicht länger einem unberechenbaren, blinden Naturlauf ausgeliefert sein läßt. Dies wahre Sein meinte Platon in den ewigen Ideen zu fixieren. Sie sind ebenso subjektlos und blind wie das Schicksal, an dessen Stelle sie treten — aber erkennbar: Unterpfand dafür, daß die Subjekte der mythischen Verblendung ledig werden können. Das Problem, wie Ideen und Sinnenwelt strikt unterschieden und dennoch vermittelt sein können, hat Platon nicht befriedigend gelöst — und dennoch klar erkannt, daß ihre Vermittlung nicht in ein Drittes fallen darf, denn dies mysteriöse Dritte, das nur die Differenz nivelliert, die es erklären sollte, und sich als das Unerforschliche erweist, dessen Erforschung ins Bodenlose führt, trägt exakt die Züge des Schicksals, dem der Kampf gilt. Aristoteles hat die Ideen daher als energeia aufgefaßt, die fähig sei, sich selbst mit der materiellen Welt zu vermitteln. Doch erst unter der christlichen Voraussetzung eines absoluten göttlichen Subjekts, das sowohl erkennbar als auch erkennend ist und die Vermittlung von Ideellem und Materiellem in der von Gottheit und Menschheit gipfeln läßt, stellt sich ganz heraus, was mit dem Problem des dritten Menschen auf dem Spiel steht: Wird die Vermittlung auf ein Drittes zurückgeführt, so ist nicht nur die Konstitution der realen Dinge und Menschen verkannt, sondern der Gedanke der Erlösung sabotiert und die Welt als Naturverhängnis anerkannt. Daß die Kirchenväter die Früchte ihrer Erkenntnis nicht heimtragen konnten, weil sie auf dem Boden falscher Voraussetzungen erwuchs; daß die Vermeidung eines vermittelnden Dritten, solange sie im Bann des philosophischen Idealismus steht, zu der Konsequenz zwingt, die Vermittlung sei selbst das Absolute; daß der Gedanke der Versöhnung daher mit der unversöhnten Welt versöhnlich wurde — dies alles ist gezeigt worden. Der selbstzerstörerische Gang des Idealismus, der sich bereits in der Herausbildung der altkirchlichen Lehre von der Dreieinigkeit Gottes und den zwei Naturen Christi deutlich ankündigt, gelangt in Hegels Philosophie an sein Ziel: die Apotheose des mythischen Schicksals, gegen das er sich richtet. Das macht die Zweideutigkeit des absoluten Idealismus aus. Einerseits ballt sich darin noch einmal die ganze Erlösungsemphase der metaphysisch-theologischen Tradition zusammen. Hegel will nichts Geringeres als ihre Einlösung. Doch eine Einlösung, die im philosophischen System, nicht in der Wirklichkeit stattfindet, verkehrt sich in Auflösung. Sie bringt nicht die Erlösung vom Elend, sondern erlöst nur vom Gedanken an eine solche Erlösung. Sie bringt nicht die Versöhnung der Welt, sondern versöhnt mit deren Unversöhntheit. Aber indem Hegel austreibt, was er zu verwirklichen beansprucht, läßt er die gesamte Metaphysik, deren *Seele* der Erlösungsgedanke ist, noch einmal wie ein Feuerwerk aufleuchten. Das ist Idealismus auf seinem höchsten Gipfel — im Moment seines Absturzens. Der symbolische Interaktionismus hingegen ist abgestürzter Hegelianismus, eine verwesende Metaphysik, aus der die Seele längst ausgefahren ist, so daß sie nichts mehr von ihrer metaphysischen Abkunft weiß und Erlösung und Gottähnlichkeit für sinnlose, unaufgeklärte Begriffe hält. Indem sie die subjektlose, leere Wechselseitigkeit der Kommunikation für etwas an sich Seiendes nimmt und in den Rang eines dritten Menschen erhebt, bringt sie unbegriffen zum Ausdruck, daß die vermittelnde Relation des Kapitals, die *wirklich* die Gesellschaft in Bewegung hält, immer mehr den Charakter eines Naturverhängnisses annimmt — eines von Menschen selbstgemachten, das sich in der permanenten zwanghaften Produktion und Zirkulation von Waren, die als gesellschaftlicher Fortschritt erscheint, nur immer dichter zusammenzieht und ihnen sukzessive jeden Gedanken an eine Erlösung von diesem Zirkel austreibt. Während jedoch im antiken Mythos die geistigen Kräfte schlummerten, sich zum metaphysischen Selbstbewußtsein zu läutern, zeugt die neue, zum Mythos abgesunkene Metaphysik von vollendeter geistiger Kraftlosigkeit gegenüber dem göttlich-ungöttlichen Prinzip der Gesellschaft, zu dessen Durchsetzung sie beiträgt.

Der symbolische Interaktionismus ist nicht nur eine der gängigen wissenschaftlichen Theorien;[29] die Denkfigur des dritten Men-

---

29 J. Habermas meint in ihm sogar die Pointe der kritischen Theorie zu entdecken, auf die Mead trotz einiger Unzulänglichkeiten selbst schon zusteuere: Wenn er von der physiologischen Basis des Reiz-Reaktions-Verhältnisses aus die symbolisch vermittelte Interaktion herleite und seinen Überlegungen damit "das ethologische Modell eines selbstgeregelten Systems" (Theorie des kommunikativen Handelns, a.a.O., Bd. 2, S. 180) zugrunde-

schen, die er gesellschaftsfähig gemacht hat, tendiert zur Universalität. Sie ist zur Grundlage der wissenschaftlichen Disziplin geworden, die heute alle Einzelwissenschaften rezeptionsfähig machen und mit den Bedürfnissen der gesellschaftlichen Praxis

lege, treffe er faktisch bereits die Unterscheidung zwischen selbstgeregelten und symbolisch vermittelten Systemen, die Habermas für den Schlüssel zeitgemäßer Welterklärung hält. Mead sei lediglich entgangen, daß es nicht nur in der organischen Natur, sondern auch in der modernen Gesellschaft selbstgeregelte Systeme gebe: "... mit dem Kapitalismus entsteht ein Wirtschaftssystem, das sowohl den internen Verkehr zwischen den Unternehmungen wie auch den Austausch mit den nicht-ökonomischen Umgebungen, den privaten Haushalten und dem Staat, über monetäre Kanäle abwickelt" (Bd. 2, S. 256) und über das "Steuerungsmedium Geld" (S. 255) zum entscheidenden der gesellschaftlichen Subsysteme wird. Solche "systemischen Mechanismen, die nicht-intendierte Handlungszusammenhänge über die funktionale Vernetzung von Handlungs*folgen* stabilisieren" (Bd. 2, S. 226), sind nicht durch kommunikatives Einverständnis, sondern naturwüchsig entstanden und funktionieren, ohne daß die in sie Verwickelten sich vorher über sie verständigen oder sie überhaupt nur durchschauen müßten. Subsysteme – vornehmlich die durch Geld gesteuerte Wirtschaft und der durch bürokratische Macht gesteuerte Staat – sind als quasinatürliche Bedingungen der gesellschaftlichen Selbsterhaltung jenseits von Gut und Böse: "normfreie Regelung von Kooperationszusammenhängen" (Bd. 2, S. 226) oder "ein Stück normfreier Sozialität" (Bd. 2, S. 256). Wie das physische Zusammenspiel von Organismen gehören sie für Habermas zu den Voraussetzungen, nicht zu den Erzeugnissen symbolisch vermittelter Interaktion, die sich erst jenseits von allem Systemischen, in der sog. "Lebenswelt" (v.a. Bd. 2, S. 173 ff.) frei entfalten können soll. Meads Glaube, es könnten "*alle* systemischen Zusammenhänge, in denen die Interaktionen jeweils stehen, in den Horizont der Lebenswelt" (Bd. 2, S. 180) hineingenommen werden, ignoriere die Eigenständigkeit und Macht der Systemwelt: Es "dringen die Imperative verselbständigter Subsysteme in die Lebenswelt ein und erzwingen auf dem Wege der Monetarisierung und Bürokratisierung eine Angleichung des kommunikativen Handelns an formal organisierte Handlungsbereiche ..." (Bd. 2, S. 593) Dem soll kritische Theorie Einhalt gebieten – als ein kritisch auf Systemtheorie bezogener Interaktionismus, der "in den Bedingungen einer kommunikativen Vergesellschaftung der Individuen" eine "utopische Perspektive von Versöhnung und Freiheit" (Bd. 1, S. 533) angelegt sieht, die er der Systemwelt kontrastierend und einschränkend entgegenstellt. Maßstab aller Kritik ist die ideale Kommunikationsgemeinschaft, in der die Individuen lernen, "autonom zu handeln" und "ihre Autonomie, die sie mit allen übrigen moralisch handelnden Subjekten gleichmacht. einzusetzen, um sich in ihrer Subjektivität und Einzigartigkeit zu entfalten" (Bd. 2, S. 48), was sich dann so konkretisiert: "Der Sprechakt des einen gelingt nur, wenn der andere das darin enthaltene Angebot akzeptiert, indem er ... zu einem grundsätzlich **kritisierbaren** Geltungsanspruch mit Ja oder Nein Stellung nimmt." (Bd. 1, S. 387) Die ideale Kommunikation, angeblich frei von allen wirtschaftlichen und sonstigen Systemimperativen, entpuppt sich als idealisierter Geschäftsverkehr, worin mündige Händler sich wechselseitig "Sprechaktangebote" (!) machen und im "Aushandeln von Situationsdefinitionen" (Bd. 1, S. 385), in Feilschen und Einigung alle Facetten ihrer Subjektivität und Einzigartigkeit entfalten. Sich auf diese Weise kommunikativ, flexibel und offen für Neues durchs Leben zu handeln, erscheint als Inbegriff der Selbstverwirklichung: "Sie bewährt sich in der Fähigkeit, der eigenen Lebensgeschichte Kontinuität zu geben." (Bd. 2, S. 150) Eine Fähigkeit, die sich auch schon unter den gegebenen, gar nicht so idealen Bedingungen weiter Verbreitung erfreut und in Karrieren wie der des ehemaligen NS-Richters Filbinger oder des früheren Schauspielers Reagan nur ihren gelungensten Ausdruck findet. Selbstverwirklichung heißt Selbstbehauptung. – Während Mead immerhin offen zugibt, daß sein Kommunikationsideal sich im Geschäftserfolg realisiert, erhebt Habermas es zur kritischen Instanz, von der aus die systemischen Übergriffe von Wirtschaft und Markt auf die "Lebenswelt" erkannt und bekämpft werden sollen – und formuliert es in einer vom Geist des Markts durchdrungenen Terminologie. Die Sprache verrät, was die Theorie dementieren soll: daß es, solange die Gesellschaft dem Bewegungsgesetz des Kapitals untersteht, eine davon unberührte Oase zwangloser Mitmenschlichkeit nicht geben kann. Das Habermassche Ideal herrschaftsfreier Kommunikation ist nur das Sonntagsgewand der Gesellschaft, die es kritisch bloßzustellen vorgibt.

vermitteln soll: Didaktik. Die moderne Wissenschaft der Wissenschaften ist institutionalisierter Interaktionismus. Als solcher tritt sie in die Fußstapfen von Philosophie und Theologie, die den Titel Wissenschaft der Wissenschaften einst in dem Maße verdienten, wie sie das Selbstbewußtsein von Wissenschaft waren. Ihr Erbe ist jedoch auch ihr Abschaum, der die ihm zugewachsene Rolle nur zu spielen vermag, sofern er sie *nicht* durchschaut. Die Vermittlung von Subjekt und Objekt ist ein Phantom, dem die Didaktik erfolglos nachjagt. Indem sie es aber vergebens durch Katalogisierung von Lernarten und -schritten sowie durch Operationalisierung von Lernzielen einzufangen sucht, gelingt ihr etwas anderes. Die Umformulierung aller für sinnvoll erachteten Lernstoffe in Qualifikationen organisiert den gesamten Bereich der Erziehung und Lehre in der Sprache, die auf dem Arbeitsmarkt längst schon Angebot und Nachfrage regelt, und stellt klar: Eine reelle Chance haben die Menschen in der modernen Gesellschaft nur noch als gut abgestimmte, für Erweiterungen stets offene Qualifikationsbündel, die sich im Auf und Ab der Konjunktur, im Wechselspiel von Stellenangebot und -gesuch, von Arbeitsplatzerhalt und -verlust geschickt und selbständig zu bewegen wissen. Diese Flexibilität in der ständigen Anpassung an eine sich ständig verändernde Gesellschaft ist es, worin sich nach Mead das Selbst eines Menschen verwirklicht, und die Bildung eines solchen Selbst will die Didaktik gewährleisten. Die Qualifikationen, die sie formuliert, sind zwar ungeeignet, um exakt die Inhalte auszudrücken, für die sie stehen, aber glänzend geeignet, um diese Inhalte als Waren auf dem Arbeitsmarkt zu präsentieren, wo es zugeht wie überall beim Warentausch: Nicht schon der Kauf, sondern erst der wirkliche Gebrauch erweist, ob die Ware die Erwartungen erfüllt, die sie weckte. So setzt die Didaktik konsequent in die Tat um, was der symbolische Interaktionismus nur allgemein formuliert: Mit den geistigen Gütern hat es keine andere Bewandtnis als mit den materiellen; sie sind Waren, die ihren Wert erst durch ihre Veräußerung realisieren. Der symbolische Austausch, die Kommunikation, *macht* den geistigen Inhalt überhaupt erst zu dem, was er ist; an sich ist er ebenso nichtig wie jede Ware, auf der man sitzen bleibt. Daher bedarf es einer Katalogisierung der Lernarten und -schritte, in denen sich der Erwerb von Qualifikationen vollzieht, einer Motivationsforschung, die ihren An- und Verkauf erleichtert, und eines Typus von Lehrer, der sich von dem eines Verkäufers kaum noch unterscheidet.[30] Am schönsten aber illustriert die Didaktik ihren interaktionistischen Charakter wohl in der curricularen Handlungsforschung, einem Prozeß ohne bestimmbares Subjekt, Objekt und Resultat, der allen Beteiligten gestattet, lernend und forschend, kreativ und rezeptiv pausenlos ihr Selbst zu verwirklichen, ohne daß sie noch eines hätten oder es jemals gewinnen könnten. Der Prozeß *ist* ihr Selbst — ein idealisiertes pädagogisches Abbild jener halt- und ziellosen Produktion von Produktivität, die den Gesellschaftsprozeß als ganzen ebenso vorantreibt wie auf der Stelle treten läßt.

Die Ergebnislosigkeit der Didaktik ist nur die Kehrseite ihrer Effizienz. Während sie der Vermittlung von Subjekt und Objekt vergeblich nachjagt, hat sie Erhebliches geleistet für die den Gesellschaftsprozeß regierende Vermittlung, als deren Missionar sie im Reich der Bildung und des wissenschaftlichen Geistes wirkt. Während sie sich für fortschreitende Aufklärung hält, die immer tiefer in die Zusammenhänge des Lehrens und Lernens eindringt, dringt durch sie die Bewegung des Kapitals immer tiefer in die Poren des Geistes ein und gewöhnt die Menschen daran, alle geistigen Gehalte als Waren aufzufassen und deren optimale Veräußerung als den Gipfel der Selbstverwirklichung anzusehen. Während sie ihren Gegenstand verfehlt, treibt sie erfolgreich Sabotage am Erlösungsgedanken und macht aus Begriffen wie Autonomie, Emanzipation, Spontaneität, deren Seele das gottebenbildliche, seiner selbst mächtige Selbstbewußtsein ist, Eigenschaften eines optimal ausgestatteten Qualifikationsbündels, das sich in den Strudeln wie Untiefen des Kapitalflusses wie ein Fisch zu bewegen weiß. So hat die Didaktik, indem sie ins Leere geht, durchaus eine das Bewußtsein prägende und seine Inhalte organisierende Kraft — ohne allerdings das Prinzip, nach dem sie organisiert, zu durchschauen.

---

30 Der Typus des von seiner Sache besessenen Pädagogen, wie Thomas Mann ihn in der Person des Wendell Kretzschmar unvergleichlich dargestellt hat, der stotternd, krächzend, gestikulierend, klimpernd seine musikalischen Vorträge hält und einzig durch seinen heiligen Eifer für die Musik sein kleines, gar nicht erlesenes Publikum mitreißt — er fiele heute wegen methodischer Mängel durch die didaktische Prüfung. (Vgl. Th. Mann, Doktor Faustus, 1976, S. 68 ff.)

Als Repräsentant dieses Prinzips ist sie auch Repräsentant seiner Blindheit: kopfloser Kopf eines Wissenschaftsbetriebs, der nicht auf einen Verein freier Menschen, sondern die Besiegelung eines selbstgemachten Naturverhängnisses ausgerichtet ist.

Die moderne Gesellschaft hat das Unwesen der Didaktik zur Blüte gebracht; was ihr Wesen wäre, läßt sich lediglich erahnen — an ihren neuzeitlichen Anfängen. Die "Große Didaktik" etwa, "die vollständige Kunst, alle Menschen alles zu lehren"[31], deren Grundzüge Jan Amos Comenius entwarf, proklamiert einen Begriff des Lernens, der den augustinischen Gedanken der Gottebenbildlichkeit des menschlichen Intellekts ebenso aufbewahrt wie aktualisiert. Nachdem die abendländische Christenheit in zahlreiche sich heftig bekämpfende Nationalstaaten und Konfessionen zerfallen war und die theologischen Dogmen nicht mehr die Kraft hatten, Einheit und Klarheit in der Welt zu stiften, sieht Comenius nur noch einen Weg, die Menschen über alle Konfessionen hinweg zur Vernunft und an die Schwelle der Seligkeit zu bringen: die Organisation des gesamten überlieferten Wissens unter dem Gesichtspunkt seiner optimalen Faßlichkeit. Die Struktur des menschlichen Verstandes gibt die Richtung an: "Denn weil mit dem Intellekt nichts erkannt wird, was nicht vorher mit den Sinnen aufgefaßt worden wäre, bekommt der Verstand den Stoff zu all seinen Gedanken nur von den Sinnen ..."[32] Der erste Gegenstand allen Lernens ist die Sinnenwelt, die allerdings die diffuse, unbegreifliche Vielfalt bliebe, die sie für den Säugling ist, gäbe es in ihr selbst nicht etwas, was sie zum geregelten Naturprozeß strukturiert und ermöglicht, daß menschlicher Geist sich an ihr bilden und menschliche Tat sich in ihr objektivieren kann: Nur als ein Zusammenhang von Einheit und Vielheit, Gattungen und Arten, Wesen und Akzidentien, Ursache und Wirkung, Teilen und Ganzem läßt sie sich begreifen und aneignen. Der Natur kommen diese Gegensatzpaare alle auf einmal zu; begriffen werden kann sie jedoch nur nach und nach. Also kommt es darauf an, das, was sie auf einmal ist, so in ein zeitliches Folgeverhältnis aus-

---

31 J.A. Comenius, Große Didaktik, hg. v. A. Flitner, 1982, S. 11
32 J.A. Comenius, a.a.O., S. 83

einanderzulegen, daß der Verstand Zug um Zug und ohne Verwirrung ihrer Komplexität innewerden kann. Wenn überhaupt etwas, so ist das eine didaktische Leistung: Sie besteht zum einen in der maximalen Reduktion von Vielfalt auf Einheit, von Akzidentellem auf Wesentliches, von Wirkungen auf Ursachen etc., zum andern darin, die aufs Äußerste reduzierte Wirklichkeit zur vollen Wirklichkeit zu entfalten und in kleinsten Schritten, geduldig und beharrlich von der Einheit zur Vielfalt, vom Wesentlichen zum Akzidentellen, von den Ursachen zu den Wirkungen etc. überzugehen. Wie die Natur selbst, so sind auch Sprachen und Wissenschaften, Kunst und Ethik organisierte Gebilde, und Didaktik ist der geistige Akt, der die Art ihrer Organisation aufdeckt: durch ihre maximale Reduktion und erneute systematische Zusammensetzung. Faktisch geschieht hierbei nur in bewußter, planmäßiger Form, was der Intellekt ohnehin tut: Wenn er irgendein Naturding, etwa einen Baum, identifiziert, so zieht er davon zunächst den allgemeinen Begriff Baum ab, der auf alle Bäume zutrifft, und isoliert ihn von allen Merkmalen, die diesem besonderen Exemplar zukommen. Sodann verknüpft er das Getrennte durch Urteile: Dieser Baum ist groß und hat viele Äste. Erkennen heißt also bearbeiten: im Geist auseinandernehmen und wieder zusammensetzen.[33]

Diese Einsicht kommt bei Comenius zwar nicht zur vollständigen Klarheit,[34] aber zu erstaunlich konsequenter Anwendung: Seine Große Didaktik versucht zu zeigen, wie alle natürlichen und artifiziellen Gebilde, trotz ihrer Komplexität von Einheit und Vielfalt, Wesen und Akzidens etc., sich dennoch dem menschlichen Intellekt anmessen lassen, und die dabei verwendete Methode ist keine andere als die Vorgehensweise des Intellekts selbst, wann immer er vernünftig arbeitet: Reduktion aufs Wesentliche und von dort ausgehende Spezifikation.[35] Diese

---

33 "Der conceptus rei, als Resultat von Erkenntnis, ist Ausdruck der Sache in ihrer Bearbeitung durch Denken." (K.H. Haag, Das Unwiederholbare, a.a.O., S. 5)

34 Es fehlt eine ausgeführte Erkenntnistheorie, und die Vergleiche, die er für den Intellekt findet — z.B. Samenkorn (Gr. Didaktik, S. 38), Auge, Spiegel (S. 40), leere Tafel (S. 39), Wachs, dem die "Abbilder der Dinge ... eingedrückt werden" (S. 40) — lassen das Entscheidende offen: das Verhältnis von rezeptivem und produktivem Vermögen des Geistes. Es zeigt sich, daß größte Anschaulichkeit nicht immer größte Klarheit bedeutet: Metaphern können Erkenntnistheorie illustrieren, aber nicht ersetzen.

35 Aufs Wesentliche reduzieren kann man freilich nur, wo es ein Wesen oder Ansich der Dinge gibt, das sie zu konsistenten, erkennbaren Gebilden macht. Wird ein solches Ansich geleugnet, so ist dasjenige, worauf reduziert wird, stets schon subjektive, willkürliche

Methode konkret anzuwenden und alles menschliche Wissen so zu organisieren, daß es von allen Umwegen, Rückschritten, Ungereimtheiten, Mißverständnissen und Müßigkeiten, mit denen sein Erwerb und seine Ansammlung im historischen Prozeß verbunden war, befreit werde und die Gestalt eines geläuterten Systems annehme, das sich jeder ohne große Mühe müßte aneignen können – das ist Comenius' große Vision.[36] Sie blieb Programm – aber eines, das trotz seiner Mängel andeutet, was gelungene Didaktik wäre: Als allgemeine Didaktik wäre sie die Einsicht in die objektiven Strukturen, die die Erscheinungswelt konsistent und erkennbar machen, sowie deren Rückwendung auf die Arbeitsweise des menschlichen Intellekts: Metaphysik und Erkenntnistheorie. Als Fachdidaktik wäre sie die daraus abgeleitete Organisation des wissenschaftlichen Materials unter dem Gesichtspunkt seiner optimalen Faßlichkeit: Selbstbewußtsein der jeweiligen Fachwissenschaft. Gelungene Didaktik wäre verschwundene Didaktik: ihrer Gegenstandslosigkeit als eigenständiger Disziplin innegeworden und in die Selbstreflexion von Wissenschaft übergegangen.[37]

Der gelungenen Didaktik entspräche eine Gesellschaft, die ihre objektiven Lebensbedingungen durchschaut und so organisiert, daß die Individuen nicht länger als Mittel eines subjektlosen, schicksalsartigen Zwecks agieren, sondern sich selbst Zweck sind und frei vom Zwang, die Arbeitskraft als Ware verkaufen zu müssen, Wissenschaft und Technik zur Minimierung von Elend und Mangel einsetzen könnten statt zu deren Verwaltung und Verewigung. Eine solche Gesellschaft läßt sich freilich nicht wiederum didaktisch erzwingen, wie es Comenius

Setzung, und die Reduktion von Komplexität, deren einziger Sinn die Herstellung von Klarheit und Durchsichtigkeit ist, mündet in einen Dschungel wissenschaftlichen Kauderwelschs; vgl. N. Luhmann, Zweckbegriff und Systemrationalität, 1968.

36 vgl. bes. J.A. Comenius, Pampaedia, hg. v. D. Tschizewskij, 1965; ders., Allgemeine Beratung über die Verbesserung der menschlichen Dinge, hg. v. F. Hofmann, 1970

37 Was übrig bliebe, wäre ein wenig von jener Methodik, die von der Sitzordnung bis zum Tafelbild, von der gestischen Darstellung bis zur kontroversen Diskussion alle Mittel summiert, die sich bei der Darbietung bestimmter Unterrichtsstoffe bewährt haben, und das Bewährte in exemplarische Lehrmodelle faßt. Ihr wissenschaftlicher Rang ist der von Kochbüchern. Sie sind die unabdingbare Erfahrungsschatz, der den einzelnen davon entlastet, alles, was längst ausprobiert wurde, noch einmal mit allen Fehlem durchzumachen. Für den Anfänger sind die Rezepte Vorschriften, für den Fortgeschrittenen gewinnen sie nach und nach den Charakter von Vorschlägen und Anregungen zur eigenständigen Verarbeitung und Improvisation. Ohne ein bißchen freie Wahl der Zutaten nach persönlicher Vorliebe, ohne ein gewisses artistisches und improvisatorisches Geschick läßt sich weder gut kochen noch lehren, ohne daß deswegen für Chefköche und Konditormeister Professuren ausgeschrieben werden.

im Überschwang seiner Entdeckungen bisweilen vorschwebte: "Wie ein sachverständiger Schreiber auf eine leere Tafel schreiben oder ein Maler darauf malen kann, was er will, so kann der, welcher die Kunst des Lehrens beherrscht, dem menschlichen Geiste alles einprägen."[38] Im Vertrauen darauf, daß die richtige Darbietung des Lernstoffs den Lernerfolg von selbst erzeuge, hat Comenius auf die Grenzen, die das Vermittlungsproblem der Metaphysik und damit auch der Didaktik setzt, nicht genügend reflektiert. Wenn man auch weiß, daß ein Gegenstand aus Wesen und Akzidentien zusammengesetzt ist, so ist dem Akt der Zusammensetzung selbst, der Vermittlung beider, dennoch nicht auf die Schliche zu kommen. Sie bleibt das Diskontinuierliche, positiv nicht Bestimmbare; daher lassen sich die Akzidentien weder aus dem Wesen noch läßt sich das Wesen aus den Akzidentien herleiten. Folglich gibt es auch keinen Königsweg für die faßlichste Darstellung. Sowohl die Reduktion aufs Wesentliche als auch der entfaltende Übergang zum Akzidentellen enthält ein Moment von Kontingenz, das einerseits auch jeder Darstellungsform ein Kontingenzmoment gibt, andrerseits von jedem Intellekt, der die Sache begreifen will, diesen Kontingenzschritt mitzuvollziehen verlangt, was dem einen bei dieser, dem andern bei jener Darstellungsweise leichter fallen mag. Dennoch bleibt dieser Schritt stets unerzwingbar. Er ist nicht möglich ohne das, was Augustin Erleuchtung nannte, welche sich unscheinbar noch im kleinsten Erkenntnisgewinn vollzieht, mit jedem ihrer Funken aber auf ihr eigenes Maximum verweist: das mit sich versöhnte, gottähnliche Selbstbewußtsein, dessen gesellschaftlichen Abglanz herzustellen nach wie vor die einzige Tat ist, mit der die Menschheit ihrer Bestimmung zur Vernunft gerecht werden könnte. Weil Selbstbewußtsein unerzwingbar ist, besaßen all die bedeutenden aufklärerischen Einsichten, die zur Befreiung von Verblendung und selbstgemachtem Elend längst hätten führen können, von sich aus nicht Kraft genug, die Leitung der menschlichen Köpfe zu übernehmen. Weil Selbstbewußtsein unableitbar ist, kann aber selbst die aussichtslos verfahrene Weltlage nicht ausschließen, daß nicht doch noch, und sei's aus Angst vorm

---

38 J.A. Comenius, Große Didaktik, a.a.O.; S. 39

eigenen Untergang, die Menschheit sich zum Ausgang aus dem selbstgemachten Elend zusammennimmt. Ohne auf dieses Wunder zu hoffen, läßt sich der Vernunft nicht die Treue halten.

Nachbemerkung

Der vorliegende Text ist die überarbeitete Fassung der Schrift "Der metaphysische Abgrund des modernen Wissenschaftsbetriebs. Philosophische und theologische Implikationen seiner Didaktisierung", mit der sich der Autor im Sommersemester 1985 am Fachbereich Erziehungswissenschaft/Humanwissenschaften der Gesamthochschule Kassel habilitiert hat.

Literaturverzeichnis

Achtenhagen, F./Meyer, H.L., (Hg.), Curriculumrevision — Möglichkeiten und Grenzen, München 1971
Aristoteles, Kategorien, übers. v. E. Rolfes, Phil.Bibl.Meiner Bd.8/9, Hamburg 1974
— Metaphysik, übers. v. F. Schwarz, Reclam, Stuttgart 1976
— Über die Seele, übers. v. W. Theiler, Darmstadt 1979
— Zweite Analytik, übers. v. E. Rolfes, Phil.Bibl.Meiner, Bd. 11, Hamburg 1976
Augustinus, A., De doctrina christiana, Obras de San Agustin, Bd. XV, Madrid 1969; dt. Übers.: 4 Bücher über die christliche Lehre, Bibliothek der Kirchenväter, Bd. 49, München 1925
— De trinitate, Obras de San Agustin, Bd. V, Madrid 1968; dt. Übers.: 15 Bücher über die Dreieinigkeit, Bibl. d. Kirchenväter, 2. Reihe, Bd. 13/14, München 1935/36
— Confessiones, Obras Bd.II, Madrid 1974, dt. Übers.: Bekenntnisse, v. H. Hefele, Jena 1921
— De civitate Dei, Obras Bd. XVI/XVII, Madrid 1977, dt. Übers.: Vom Gottesstaat, v. W. Thimme, Zürich 1955
— De magistro/Der Lehrer, Paderborn 1974
— De Genesi ad litteram/Über den Wortlaut der Genesis, Paderborn 1961 u. 1964
— Retractationes, Paderborn 1976
— De diversis quaestionibus/Dreiundachtzig verschiedene Fragen, Paderborn 1972
Ben-Chorin, S., Bruder Jesus, München 1977
Blankertz, H., Theorien und Modelle der Didaktik, München 1975[9]
Bultmann, R., Theologie des Neuen Testaments, Tübingen 1968, 6. A.
— Neues Testament und Mythologie, in: H.W. Bartsch (Hg.), Kerygma und Mythos, Bd. 1, Hamburg 1960
Campenhausen, H.v., Griechische Kirchenväter, Stuttgart 1977[9]
Capelle, W., Die Vorsokratiker, Stuttgart 1968
Comenius, J.A., Große Didaktik, hg. v. A. Flitner, Stuttgart 1982
— Pampaedia, hg. v. D. Tschizewskij, Heidelberg 1965
— Allgemeine Beratung über die Verbesserung der menschlichen Dinge, hg. v. F. Hofmann, Berlin 1970
Conzelmann, H., Grundriß der Theologie des Neuen Testaments, München 1967
Copei, F., Der fruchtbare Moment im Bildungsprozeß, Heidelberg 1955, 3.A.
Denzinger, H., Enchiridion symbolorum definitionum et declarationum, Freiburg 1965
Descartes, R., Meditationen, Phil.Bibl.Meiner Bd.250 a, Hamburg 1977
Freud, S., Totem und Tabu, Frankfurt 1973
— Zwangshandlungen und Religionsübungen, Studienausg. Bd. VII, Frankfurt 1973
Gilson, E., Der heilige Augustin, Hellerau 1930
Haag, K.H., Kritik der neueren Ontologie, Stuttgart 1960
— Philosophischer Idealismus, Frankfurt 1967
— Der Fortschritt in der Philosophie, Frankfurt 1983
Habermas, J., Theorie des kommunikativen Handelns, Frankfurt 1981
Harnack, A.v., Lehrbuch der Dogmengeschichte, Darmstadt 1964
— Marcion, Leipzig 1924, 2.A.
Hegel, G.W.F., Grundlinien der Philosophie des Rechts, Werke Bd.7, hg. v. Moldenhauer/Michel, Frankfurt 1970
— Vorlesungen über die Philosophie der Religion, Werke Bd. 16/17, Frankfurt 1970
— Vorlesungen über die Beweise vom Dasein Gottes, Werke, Bd.17
Hessen, J., Augustins Metaphysik der Erkenntnis, Leiden 1960, 2.A.
Hochschulrahmengesetz vom 26.1.1976, in: Bundesgesetzblatt 1976/10
Horkheimer, M./Adorno, Th.W., Dialektik der Aufklärung, Frankfurt 1969
Jens, W., (Hg.), Um nichts als die Wahrheit — Deutsche Bischofskonferenz contra Hans Küng, München 1974
Jüngel, E., Gott als Geheimnis der Welt, Tübingen 1977, 2.A.
Kant, I., Kritik der reinen Vernunft, Werke Bd.III/IV, hg. v. W. Weischedel, Wiesbaden 1956
— Prolegomena zu einer jeden künftigen Metaphysik, Werke Bd. V, Wiesbaden 1958
Käsemann, E., Paulinische Perspektiven, Tübingen 1969
Kierkegaard, S., Der Begriff Angst, Frankfurt 1984
Klafki, W., Studien zur Bildungstheorie und Didaktik, Weinheim 1970, 10.A.
— Didaktische Analyse als Kern der Unterrichtsvorbereitung, in: Die deutsche Schule, Auswahl 1, Hannover 1964

- Die didaktischen Prinzipien des Elementaren, Fundamentalen und Exemplarischen, in: Handbuch für Lehrer, Bd. II, Gütersloh 1961
- Aspekte kritisch-konstruktiver Erziehungswissenschaft, Weinheim 1976

Körner, F., Die Entwicklung Augustins von der Anamnesis- zur Illuminationslehre, Theol. Quartalschrift 134, 1954

Küng, H., Christ sein, München 1974

Luhmann, N., Zweckbegriff und Systemrationalität, Frankfurt 1968

Lutz-Bachmann, M., "Natur" und "Person" in den "Opuscula sacra" des A.M.S. Boethius, in: Theologie und Philosophie, 58, 1983, S. 48-70

Mager, R.F., Motivation und Lernerfolg, Weinheim 1970

Mann, Th., Doktor Faustus, Sonderausg. Frankfurt 1976

Marx, K., Das Kapital, Bd. I u. III, Berlin 1951
- Kritik des Gothaer Programms, Marx-Engels-Werke, Bd. 19, Berlin 1976
- Kritik des Hegelschen Staatsrechts, Marx-Engels-Werke, Bd.1, Berlin 1956

Mead, G.H., Geist, Identität und Gesellschaft, Frankfurt 1968

Meyer, H.L., Einführung in die Curriculum-Methodologie, München 1972

Moltmann, J., Der gekreuzigte Gott, München 1972
- Trinität und Reich Gottes, München 1980

Novatian, Über den dreifaltigen Gott/De trinitate, hg. v. H. Weyer, Darmstadt 1962

Origenes, Vier Bücher von den Prinzipien/De principiis, hg. v. Görgemanns/Karpp, Darmstadt 1976

Parmenides, Vom Wesen des Seienden, hg. v. U. Hölscher, Frankfurt 1969

Platon, Sämtliche Werke, Bd.II-V, übers. v. F. Schleiermacher u.a., Rowohlt, Hamburg 1957 ff.

Porphyrius, Einleitung in die Kategorien des Aristoteles, übers. v. E. Rolfes, Phil.Bibl.Meiner, Bd.8/9, Hamburg 1974

Robinsohn, S.B., Bildungsreform als Revision des Curriculums, Neuwied 1975, 5.A.

Roth, H., Pädagogische Psychologie des Lehrens und Lernens, Hannover 1957

Rouet de Journel, M.J., (Hg.), Enchiridion patristicum, Freiburg 1969

Scholem, G., Judaica 3, Frankfurt 1973

Seeberg, R., Lehrbuch der Dogmengeschichte, Bd.II, Darmstadt 1953, 4.A.

Soden, W.v., Auferstehung I, in: Religion in Geschichte und Gegenwart, Bd.I, Tübingen 1957, 3.A.

Thomas von Aquin, Summa theologica, Prima pars, Madrid 1961

HAMBURGER ADORNO - SYMPOSION

Herausgegeben von Michael Löbig u. Gerhard Schweppenhäuser

170 Seiten, Paperback, DM 18.--

Das "Hamburger Adorno-Symposion" repräsentiert eine Gestalt Kritischer Theorie, die den Intentionen des Adornoschen Denkens verpflichtet bleibt. Die Beiträge gelten sowohl Fragen der Adorno-Interpretation, als auch anderen philosophischen und politisch aktuellen Problemen.
Beigefügt ist dem Band eine ausführliche Kritik der Frankfurter "Adorno-Konferenz 1983".

Inhalt:

Hermann Schweppenhäuser: Über einige Muster der Kritik an Adorno — *Günther Mensching:* Zu den historischen Voraussetzungen der "Dialektik der Aufklärung" — *Wolfgang Pohrt:* Der Staatsfeind auf dem Lehrstuhl — *Friedrich-Wilhelm Pohl:* Positivität Kritischer Theorie? — *Rolf Tiedemann:* Begriff Bild Name. Über Adornos Utopie von Erkenntnis — *Heinz-Klaus Metzger:* Mit den Ohren denken. Zu einigen musikphilosophischen Motiven von Adorno — *Christoph Türcke:* Gottesgeschenk Arbeit. Theologisches zu einem profanen Begriff — *Hans-Ernst Schiller:* Selbstkritik der Vernunft. Zu einigen Motiven der Dialektik bei Adorno — *Peter Bulthaupt:* Affirmation und Realität — *Wolfgang Hofer:* Adorno und Kafka — *Christoph Türcke, Claudia Kalász, Hans-Ernst Schiller:* Kritik der Frankfurter "Adorno-Konferenz 1983"

> "Veranstaltungen wie das Hamburger Adorno-Symposion erscheinen, und gerade jetzt, höchst dringend und nötig. Sie sind ein leiser Gegenwind zum massiven anti-aufklärerischen Luftstrom."
>
> *Norddeutscher Rundfunk und Sender Freies Berlin,*
> *Mai 1984*

ISBN 3-924245-01-0

Dietrich zu Klampen Verlag

Hermann Schweppenhäuser

VERGEGENWÄRTIGUNGEN ZUR UNZEIT ?
Gesammelte Aufsätze und Vorträge

ca. 250 Seiten, Paperback: DM 22.--/ Leinen: DM 54.--

Die pointiert formulierten Aufsätze, die Hermann Schweppenhäuser, Mitherausgeber der Schriften Walter Benjamins und langjähriger Mitarbeiter von Theodor W. Adorno und Max Horkheimer, in seinem neuen Buch vorlegt, behandeln Gegenstände der Gesellschaftstheorie, der Ästhetik und der Philosophie. Sie repräsentieren ein Stück kompromißloser Kritischer Theorie. Gerade weil Schweppenhäusers Aufsatzsammlung materiale Arbeiten vereinigt, stellt sie einen gewichtigen Beitrag zur Diskussion um die gegenwärtigen, meist methodischen Modifikationen Kritischer Theorie dar.

Inhalt:

Zur Dialektik der Emanzipation — Erinnerung an den aufgeklärten Begriff des Interesses — Das Individuum im Zeitalter seiner Liquidation. Zu Adornos sozialer Individuationstheorie — Kulturindustrie. Moralische Aspekte — Kulturtheoretische Anmerkungen zur Bedeutung des Theaters — Tauchen im Schlamm. Zur "Widmung" von Botho Strauß — Hermann Hesse zum Andenken — Zum Kunstbegriff Benjamins — Spekulative und negative Dialektik — Nietzsche-Eingedenken der Natur im Subjekt — Reale Vergesellschaftung und soziale Utopie. Ernst Bloch als Sozialphilosoph — Zum Problem des Todes

ISBN 3-924245-03-7 (Paperback) / 3-924245-04-5 (Leinen)

Dietrich zu Klampen Verlag

Friedrich Wilhelm Pohl / Christoph Türcke

Heilige Hure Vernunft
Luthers nachhaltiger Zauber

Sollen Luthers Haß auf die Bauernerhebungen und sein entschiedenes Eintreten für Hexenverfolgungen unter die Jubiläumsamnestie zu Anlaß des 500. Geburtstages des Reformators fallen? War er nicht in Wahrheit ein Vorkämpfer von Vernunft und Freiheit?

Friedrich Wilhelm Pohl und *Christoph Türcke* sehen in Luthers Hexenwahn keineswegs einen Überrest mittelalterlichen Denkens – sondern ein Moment seiner Modernität.

Im Herbst des Mittelalters zerbricht die Verbindlichkeit des christlichen Glaubens. Luther verstand es, die Angst davor nutzbar zu machen. Die Vernunft war ihm das geeignete Instrument, eine aufrührerische Natur an die Kandare zu nehmen.

Luther leitete damit eine Misere ein, die heute noch andauert: die Herrschaft einer Rationalität, die von magischer Angst getrieben ist – einer Rationalität wider die Freiheit.

(144 Seiten, 12.–)

WAGENBACHS TASCHENBÜCHEREI 102